縄文時代の不思議と謎

山田康弘・監修
Yasuhiro Yamada

JIPPI Compact

実業之日本社

徹底比較！
縄文人と弥生人

あなたは縄文人タイプ？　それとも弥生人タイプ？
体型と特徴を見てみよう！

縄文人

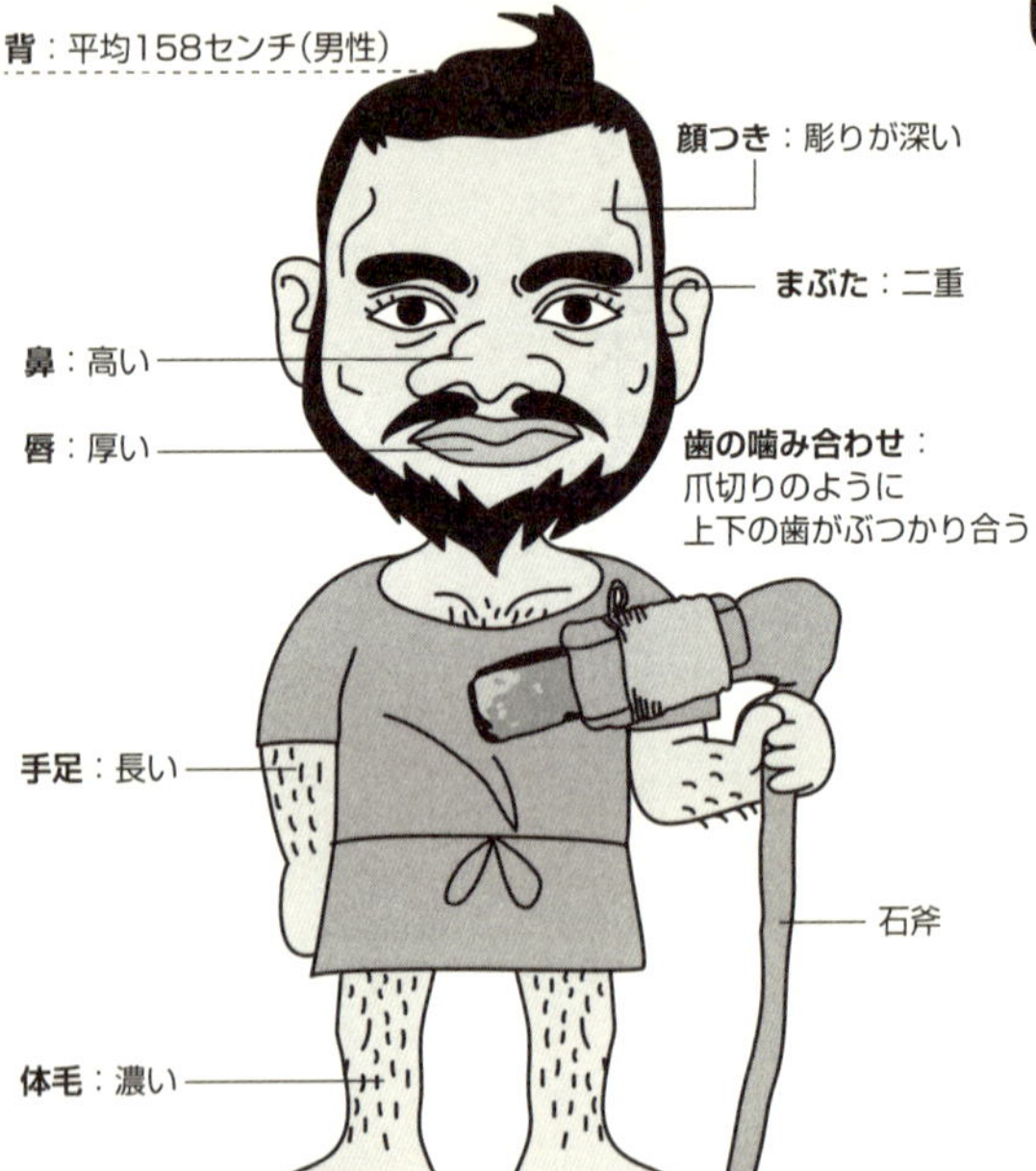

生活スタイル

- 狩猟や採取を行なっていた
- 家族集団の集落で暮らしていた
- 石器や骨角器を使っていた

結論

縄文人は濃い「ソース顔」
弥生人は薄い「塩顔」

さまざまな違いはあるが、
とくに顔つきが異なる。

弥生人

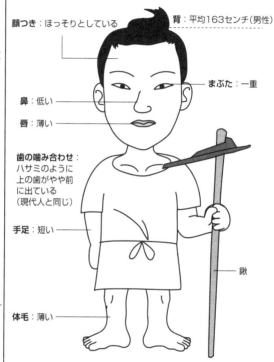

生活スタイル

- 水田稲作で食料生産をはじめた
- クニができ、戦いがはじまった
- 青銅や鉄器を使いはじめた

〈はじめに〉
正しく知れば、より楽しめる縄文時代・文化

近年、縄文時代・文化に対する関心が高まっています。たとえば、国立博物館や地方の博物館で行なわれる縄文時代の特別展・企画展では、非常に多くの来館者を集めていますし、これと連動して、縄文時代関連の書籍や雑誌が多数刊行され、各地の書店ではそれらを集めた特設コーナが作られたりしています。さらには縄文時代を取り上げた映画も公開され、多くの観客を動員したと聞きます。

また、エコロジカルなものや、縄文時代・文化と何か関係のありそうなもの（本当かどうかは問わない）に、縄文を付けて、縄文○○と呼ぶものも数多く見られるようにもなりました。これは、縄文時代・文化が学問の域を越えて興味深いもの、面白いものとして、「遊び心」を満たすためのツールとしても利用されるようになってきたということでしょう。

周囲から「○○学者と考古学者は……」などと揶揄されてきた（本当です）私には、このような動向は、まことに感慨深いものがあります。

しかし、なかには専門家の目から見て、少々行き過ぎではないかと思われるような解釈や事例に出くわすことも多くなってきました。考古学的事実を踏まえることなく、強烈な

思い込みの結果作り出された間違った縄文時代・文化像がそのまま流布し、一般に語られるようになるのは、縄文時代の専門家としても、教育者としても困ります。

たとえば、「縄文時代は1万3000年間も続いた」（そういう風に歴史学者が区切っただけです）、「縄文人は老人を大切にした」（いえいえ、必ずしもそうではありません）、「縄文時代には戦争がなく、平和だった」（ボコられて、頭に穴があいた人もいます）、「縄文土器は月のしずくを集めるためにつくられた」（なんじゃそりゃ?・）、などなど、いろいろな説がまことしやかに語られています。これは大変にまずい。

今、縄文時代・文化は、学問的にはどのように捉えられているのでしょうか。これを広く知っていただくには、多くの人々の手に取ってもらえるような本が必要だと思います。ですが、やわらかすぎると説得力がありませんし、また、あまりかたすぎると眠くなってしまいます。ラーメンのゆで加減ではないですが、少々かためのやわらかめな本があるといいですね。

本書が正しく縄文時代・文化の魅力を伝える、かためのやわらかめの本となっていることを願います。

山田康弘

【目次】

徹底比較！　縄文人と弥生人……2
〈はじめに〉正しく知れば、より楽しめる縄文時代・文化……4

パート1 意外と知らない！　縄文時代の素朴なギモン11

◆教科書も大きく変わった？　縄文時代はいつからいつまで？……14
◆6つの時期に分けられている、縄文時代の時期区分……16
◆本当はどこからやってきた？　縄文人の出自の謎……20
◆手足が長く、スラッとしていた　縄文人の体格の秘密……22
◆縄文人の平均寿命は何歳？　苦しんだ感染症、ガン、虫歯……26
◆縄文人は、なぜ「縄」の模様にこだわったのか？……28
◆「言葉の壁」も超えていた！　縄文人のコミュ力……30

◆ 仏教伝来のはるか前から存在していた、埋葬システム …… 32
◆ 階層が存在し、病人は介護されていた！　高度な縄文社会 …… 36
◆ 足し算も引き算も割り算もしていた!?　縄文人の数の概念 …… 40
◆ 遺跡から出土した土器や土偶は、どうやって復元しているのか？ …… 42
縄文コラム 手形・足形・抜歯、縄文人の通過儀礼 …… 44

パート2
意外と楽しく暮らしていた！　縄文人の衣食住

◆ 縄文時代の老若男女の役割分担は？　縄文人の暮らしの解剖 …… 46
◆ 弥生時代より前から米を食べていた？　「稲作の起源」の結論 …… 50
◆ 弓矢を持ってイノシシを追いかけるのは冬？ …… 54
◆ 縄文時代の食べ物や調理法を科学的に解明する方法 …… 58
◆ 自然のカレンダーをもち、旬の食材を味わっていた縄文人 …… 60

◆縄文人はドングリが大好物だった？……64
◆干物・燻製・塩漬け……洗練されていた保存の知恵……66
◆意外とおしゃれな服を着こなしていた？……68
◆貝塚はごみ捨て場ではなく、あの世とこの世をつなぐ神聖な場所……70
◆笛・琴・鈴……にぎやかな楽器と儀式のはじまり……72
◆科学的な方法からわかる食べ物の「地域差」……74
◆「かえし」のついた釣針と回転式離頭銛　機能的だった縄文漁具……76
◆おしゃれな縄文アクセサリーは、おしゃれのためだけじゃなかった！……78
◆死者は大切に弔われていた⁉　縄文人の死に対する考え方……80
◆ストーンサークル（環状列石）はなんのためにつくられたのか？……82
◆大森貝塚を見つけたモースが食人風習に言及した〝真の意図〟……86
◆縄文人の酒づくりはお祭りのためだった？……88
◆縄文時代につくられた竪穴住居は、平安時代まで使われていた⁉……90
◆持続可能社会のお手本だった？　縄文人の自然と共存する暮らし……94
縄文コラム　薬草とお守り頼りの縄文人のケガ対策……98

パート3 どこで何が起こっていた？ 縄文ニッポンの風土と出来事

すべてを押し流した縄文時代の津波の痕跡 …… 100
現代人にも残っている？ 縄文人の痕跡 …… 102
なぜか北海道で出土したイノシシ形土製品 …… 104
現在とほぼ変わらない！ 縄文時代の日本列島 …… 106
地域ごとの特色がわかる 全国縄文遺跡マップ …… 110
集落の遺跡からわかる 人口密度と建物の工夫 …… 114
北は北海道から南は九州まで、縄文文化の範囲 …… 118
小さな丸木舟で海を渡る!? 築かれた交易ネットワーク …… 120
南九州を壊滅させた火山噴火の恐怖 …… 124
聖徳太子の時代も縄文時代だった？ 北海道の「続縄文文化」 …… 128
住みやすい土地はどこ？ 定住で「ムラの掟」も生まれた …… 130

◆ 3大都市は海の底だった!? 縄文時代と現代の海岸線 …… 134
◆ 離島には遺跡がたくさん眠っている!? …… 138
◆ 東京23区から見つかった、たくさんの縄文遺跡 …… 140
◆ 温暖化で食生活が豊かになった! 縄文海進と海の幸 …… 144
◆ 縄文文化はとってもユニーク? 世界四大文明からみた縄文 …… 148
縄文コラム 縄文時代のペット事情 …… 150

パート4 知っておきたい! 縄文土器・土偶の秘密

◆ 土器は煮炊きの道具というけど……それ以外にも使われていた! …… 152
◆ 土偶はなぜ女性ばかりなのか? 縄文時代の「女性観念」 …… 156
◆ 壊れた土偶の謎——最初から壊されるためにつくられた? …… 158
◆ 金色に輝く妊婦の土偶 国宝・縄文のビーナス …… 160

◆現存土偶最大の無表情な八頭身美人　国宝・縄文の女神……162
◆厚さ2ミリでも壊れずに眠っていた　国宝・中空土偶……164
◆縄文人が何度も補修した痕跡の残る土偶　国宝・合掌土偶……166
◆墓から発見された仮面をつけた謎の土偶　国宝・仮面の女神……168
◆煮炊きの道具とは思えないほどの造形美　国宝・火焔型土器……170
◆そのポーズ、どんな意味？　フシギな土偶たち……172
◆身近な動物に対する思いとは？　動物の形をした土製品……174
◆〝世界最古〟縄文土器の変遷をたどる　どうしてはじまり、どう発展した？……176
◆土偶に会いに行こう！　縄文文化に触れられる駅・道の駅……180
◆なぜ人は縄文にひかれるのか？　大ブームを生んだ縄文の謎と魅力……184
◆土偶の知名度上昇に一役買った　映画『ドラえもん　新・のび太の日本誕生』……186
◆縄文土器の美術的価値に気づき、太陽の塔をつくった岡本太郎……188
参考文献……190

カバーデザイン／杉本欣右
イラスト／飯島英明、原田弘和
本文デザイン・図版・DTP／造事務所
文／奈落一騎、マルヤマミエコ、大河内賢、
東滋実、菊池昌彦

パート1

意外と知らない！縄文時代の素朴なギモン11

素朴なギモン①

教科書も大きく変わった？縄文時代はいつからいつまで？

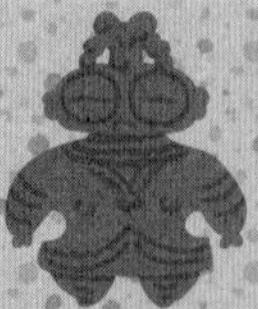

「縄文時代はいつはじまったのか」という問いに対して、すべての考古学者が賛同する答えは存在していない。考古学者の間でも、大きく分けて3つの説が存在している。

第一の説は、土器の出現をもって縄文時代のはじまりとするもので、これだとまだ気候的に寒い約1万6500年前の氷期のころとなる。第二の説は、気候が温暖化しはじめ、土器が普及する約1万5000年前。第三の説は、気候が温暖化し、定住生活が本格化する約1万1500年前だ。

説によっては5000年も変わってしまうが、これらの説はすべて、旧石器時代から縄文時代へと変化していくなかでどの部分に画期（時代の区切り）を見出しているのか、という違いである。どれが正しくて、どれが間違いとはいうことができない。むしろ、気候変動を含めた暮らしぶりの変化、時代の変化には、長い時間が必要であったということに注目してほしい。

また、縄文時代はいつ終わったのかも、考古学者の見解は分かれている。多くの日本史の教科書では、縄文時代の終わりは（実際にはこれよりも古くなる可能性があるとしつつも）、「水稲農耕をともなう弥生時代が始まる約2500年前頃」としている。つまり、水田稲作がはじまったことで縄文時代が終わるとされているのだ。

これまでは、これが通説とされていたが、従来の測定よりも精度が高くなった「AMS法（加速器質量分析法）」による年代測定の結果、水田稲作のはじまりはおよそ3000年前の突帯文土器《とったいもんどき》（土器の口縁の周りを粘土紐《ひも》で一重ないしは二重にめぐらせた文様《もんよう》をもつ土器）のころにまでさかのぼるという見解が提出されている。現在の考古学界では、縄文時代晩期後葉の土器であった突帯文土器の時期は、弥生時代に入るものとして扱われており、これまで600年～700年程度と見積もられていた弥生時代は、一気に倍近い長さになってしまっているのだ。

また、縄文時代の人びとが、一律に水田稲作に飛びついて生業形態を変えたかというと、そうでもない。北部九州から青森県まで水田稲作が普及するのに、500年ほどかかったこともわかっており、稲作がはじまってからあまり時間が経っていないところで放棄されてしまっている水田の跡も見つかっている（50ページ）。このような状況を弥生文化・弥生時代と呼ぶことができるのかといった点も問題だ。

縄文時代と弥生時代との区分は、境界線が非常に微妙なのである。

素朴なギモン②

6つの時期に分けられている、縄文時代の時期区分

縄文時代のはじまりを土器の出現とし、その終わりを水田稲作の登場と考えると、縄文時代は、およそ1万6500年前から3000年前までという、数字の上では約1万3000年間も続いた時代ということになる。

しかしながら、この長い間にはさまざまな紆余曲折があり、正直1万3000年間すべてを同一の時代、同一の文化によるものと考えるには少々無理がある。考古学研究者も、いくつかの時期や地域に分割して研究を行なうことが多い。なお、現在縄文時代は大きく次の6つの時期に区分されている。

草創期から晩期までの区分

草創期：1万6500年前〜1万1500年前ごろ（だいたい5000年間）。縄文時代に先行する旧石器時代の文化から、本格的な縄文時代の文化へとしだいに移り変わっていく時期である。

早期：1万1500年前〜7000年前ごろ（だいたい4500年間）。気候が急激に暖かくなったため海水面が上昇し、日本列島域における沿岸部の地形や自然環境が大きく変化し本格的な定住生活がはじまった時期である。また、新しい自然環境のなかから食べられるものが見つけ出され、食料の種類は以前よりも豊富になった。縄文文化の基礎がつくられた時期である。

前期：7000年前〜5470年前ごろ（だいたい1530年間）。気候がもっとも温暖化し、関東地方では海が現在の栃木県栃木市あたりまで大きく入り込んでいた時期にあたる。これを「縄文海進《じょうもんかいしん》」という。台地の上を居住地点として、規模の大きな集落がつくられた一方で、台地に隣接する低地の開発が進み、さまざまな植物利用が行なわれるようになる。遺跡数、ひいては人口も増加し、早期の文化を発展継承して、縄文文化が大きく花開いた時期でもある。

中期：5470年前〜4420年前ごろ（だいたい1050年間）。地域によっては100棟以上の住居跡からなる大型の集落が形成されたとともに、人口数も全国で26万人を超え、もっとも多くなった時期だ。前期までの発展をさらに拡大させていく時期であり、縄文文化の高揚期でもある。一般に縄文土器として紹介されることが多い、派手で大ぶりな文様がつけられた土器や、国宝の土偶「縄文のビーナス」（160ページ）のように妊産婦を模している土偶の多くはこの時期につくられた。

後期：4420年前~3220年前ごろ（だいたい1200年間）。中期の終末から後期の最初のころに、気候的に冷涼となる時期があり、これによって社会構造や精神文化などが変化を起こした。後期後半には北海道や東北地方北部などで、特別な墓がつくられるなど、従来のイメージにあるような単純な平等社会とはやや異なった状況がみられるようになる。

晩期：3220年前~2350年前ごろ（だいたい870年間）。東北地方において、精巧な亀《かめ》ヶ岡《おか》式土器や遮光器《しゃこうき》土偶を生み出した亀ヶ岡文化が発達した時期のことを、日本列島域一律に縄文時代晩期と呼んでいる。ただし、九州においては3000年位前から灌漑水田稲作が開始されるため、晩期の期間は200年程度しかない。弥生時代・文化との連続性をめぐって、さまざまな議論が行なわれている時期である。

以上のように、縄文時代の時間幅の約3分の2は草創期と早期が占め、前期以降の期間は全体の3分の1ほどの時間幅しかない。

したがって、あたかも縄文文化の代表例として取り上げられることが多い中期の火焔型《かえんがた》土器や、晩期の遮光器土偶は、縄文時代のあとのほうの3分の1の時間における一時的なものにすぎないことになる。

縄文時代年表

1万6500年前………	土器が出現する（氷期）	草創期
1万5000年前………	気候が暖かくなりはじめ、土器が広まる	草創期
1万1500年前………	気候が温暖化し、本格的な定住生活がはじまる	草創期
1万年前…………………	海面が上昇する	早期
7300年前……………	鬼界カルデラが大噴火する	早期
6000年前……………	気候が最温暖化期になり、海面が4～6メートル上昇。縄文海進の最盛期となる	前期
		中期
4300年前……………	気候が寒くなり、雨が多くなる	後期
3000年前……………	水田稲作がはじまる（弥生時代）	晩期
2400年前……………	青森まで水田稲作が広まる	晩期

素朴なギモン③

本当はどこからやってきた？縄文人の出自の謎

日本列島に人類が住みはじめたのは、おおよそ4万年ほど前の旧石器時代のことであった。そのころは地球全体が寒冷化した氷期（最終氷期）で、海面は現在より約１２０メートル以上も低く、北海道はサハリンとともに大陸と地続きとなり、大きな半島となっていた。これを「古《こ》北海道半島」という。また、瀬戸内海は陸地化し、本州は四国・九州と地続きとなって、大きな島を形成していた。これを「古《こ》本州島」という。

現在の日本列島域への人の移動ルートとしては、古北海道半島を南下する北ルートと、朝鮮半島から古本州島へと到る西ルート、そして、南西諸島を北上してきた南ルートの３つが考えられている。これらの移動ルートのうち、主要なルートは北ルートと西ルートであった。

これらのルートによる人の渡来は、複数回あったようだ。たとえば、古本州島において３万年前に隆盛を誇った「ナイフ形石器」と呼ばれる手持ちのヤリを特徴とする文化は、１万８０００年ほど前に広がった細石刃《さいせきじん》という細かいカミソリのような石器を特徴とする文化に取って代わられてしまう。この文化は、中国大陸の南半部に起源をもつとされており、西ルートを通って中国南半部からの人の移動があったことがわかる。

一方、古北海道半島における細石刃の文化はシベリア・バイカル湖周辺域に起源をもち、2万4000年ほど前に登場したのち、1万7000年ほど前には本州へと分布を広げていく。しかしながら、そののちに石器の両面を加工した大型の石ヤリを特徴とする北方起源の石器文化に取って代わられ、縄文時代へと移行していったことがわかっている。これなどは、北ルートを通って人の移動が複数回あったことを示している。

石器群が何回も交代しているのだから、日本列島域への人の渡来は北ルート、西ルートともに複数回あったことは確実だ。当時、日本列島域には、じつにさまざまな人が渡来してきたのである。これら旧石器時代に渡来してきた人びとが、縄文人の直接的な祖先となったことは、その後の最初期の土器の出土状況をみても間違いない。

つまり、一口に縄文人といっても、その遺伝的ルーツを南方にもつ縄文人もいれば、北方に起源をもつ縄文人もいることになる。

縄文人たちの祖先が、いつ、どのようにして日本に渡ってきたかについては、考古学的な調査やゲノムの分析など、さまざまな角度からいまも研究が進められている。最新の研究ではゲノムの解析により、東南アジアに起源をもつ縄文人がいたこともわかっている。

素朴なギモン④

手足が長く、スラッとしていた縄文人の体格の秘密

縄文人の体格の特徴でまず挙げられるのは、非常に身長が低かった点だろう。長野県にある縄文中期～後期の住居跡である北村遺跡から、１９８７年に３００体の人骨が発見された。この人骨を調査したところ、男性の平均身長は約１５８センチという結果が出ている。縄文時代の女性の平均身長は、そのほかの縄文遺跡から発掘された人骨の調査もあわせて、おおよそ平均１４８センチ程度とされている。

現代の日本人の平均身長（成人）は、男性が約１７１センチ、女性が約１５８センチなので、これとくらべると縄文人の身長はかなり低い。ちなみに弥生人の平均身長は、男性が約１６４センチ、女性が約１５０センチだ。また、沖縄県で旧石器時代の約１万８０００年前の地層から発見された港川人《みなとがわじん》の人骨の平均身長は、男性が１５５センチ、女性が１４４センチであった。

こうやって時代ごとの平均身長を見くらべてみると、日本人の身長がどんどん伸びているように感じる人も多いだろう。だが、じつは江戸時代の男性の平均身長は約１５５セン

チ、女性は約143センチだったとされている。なんと、縄文時代よりも低かったのだ。
平均身長は、基本的には栄養状態で決まってくる。縄文人の食生活は肉や魚、木の実などが中心であった。弥生時代には、もともと身長が高かった渡来系の人びとの影響もあるが、優秀な食料である米と肉や魚などをバランスよく食べるようになり、栄養状態がよくなったことで平均身長も伸びた。だが、仏教が日本に入ってくると不殺生の考えが広まり、今度は肉食を避けるようになった。その結果、栄養状態が下がって平均身長も低下。しかし、近代以降はふたたび積極的に肉を食べるようになり、栄養状態が改善されてきたとともに、生活習慣が変化したので、また背が伸びてきたものと考えられている。

身長以外に骨からわかる縄文人の体格の特徴としては、肩幅が広く、腕や脚も強靭で筋肉隆々だったということだ。女性も臀《でん》部が非常に発達していたようだ。

ところで、背が低くて筋肉が発達していたというと、手足の短い、ずんぐりむっくりした体型を思い浮かべるかもしれない。しかし、縄文人は弥生人よりも手足が長かったことが、骨の調査によりわかっている。弥生人のほうが背は高いものの胴長短足で、お世辞にも現代的なカッコイイ体型とはいえないのだ。

さらには、縄文人の肘から先と、膝から下の長さは現代人よりも相対的に長いという研究データもある。つまり、縄文人は背が低くても、手足がすらりと伸びたスポーツマン体型だったと考えられる。

DNA情報をもとに復元された縄文人女性の顔

体格以外では、頭骨からの復元などで、縄文人の顔の特徴もおおよそわかっている。縄文人の平均的な顔つきは、男女とも比較的四角張った顔で、目はやや奥まっており、立体的である。眉間の隆起は高く、鼻のつけ根は窪んでいるが、鼻自体は高かった。

ようするに彫りが深く、目鼻立ちのはっきりした顔をしていたのだ。平面的なウリザネ顔の弥生人の顔とは対照的である。ただし、骨だけでは二重まぶたであったかどうかという軟部組織の特徴はわからないので、縄文人の復顔時には形質的に類似するアイヌの人びとの顔立ちを参考にすることが多い。

ところで、これまで縄文人の顔の復元は、顔の骨格をもとに想像も交えながら行なわれていたが、2018年に国立科学博物館を中心とする研究グループが、北海道・礼文《れぶん》島船泊《ふなどまり》遺跡から発見された縄文人女性の臼歯《きゅうし》からDNAを抽出し、顔の軟部組織に関する部分の復元に成功した。頭蓋の形態とDNA情報により復元された女性の顔は、全体的にはこれまでわかっていた縄文人の顔つきと同じだったが、肌の色が濃く、シミがあり、目は茶色、髪の毛は細かく縮れていることなども判明した。

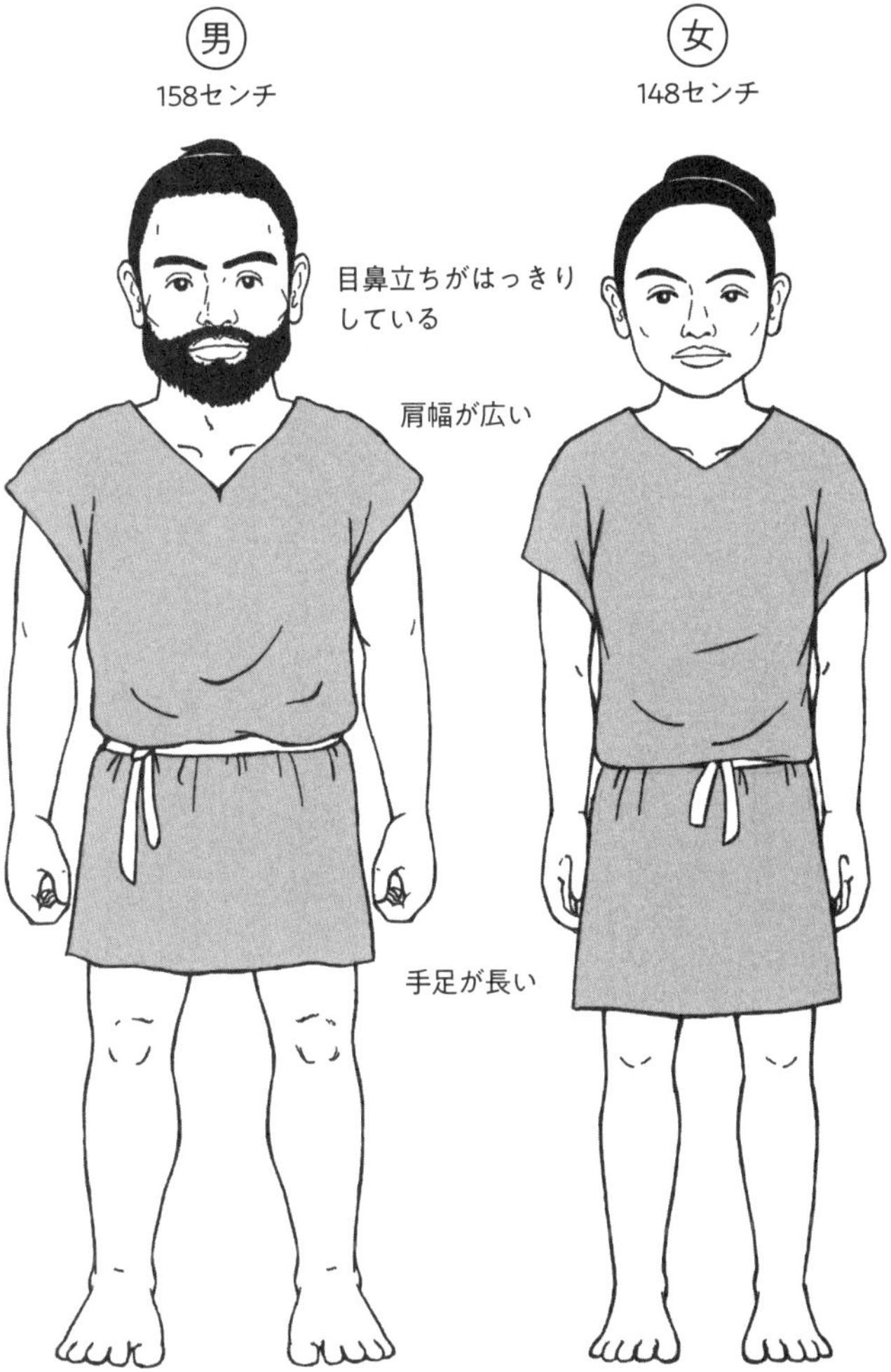

男女ともに彫りが深い顔で、ガッチリ体型だった縄文人

素朴なギモン⑤

縄文人の平均寿命は何歳？苦しんだ感染症、ガン、虫歯……

遺跡などから発掘された遺体の平均死亡年齢から推測して、縄文人の平均寿命は約30歳ぐらいだったと考えられている。一方で、２０１７年度の日本人の平均寿命は、厚労省の発表によれば、男性は81・09歳、女性は87・26歳。縄文人は現代人の半分以下の寿命だったのである。

ただし、縄文時代の平均寿命の短さは、乳児死亡率の高さが影響しているともいわれている。ある程度の年齢まで成長することのできた縄文人は、30歳を超えても健康体を維持し、3割近くは65歳ぐらいまで生きた。

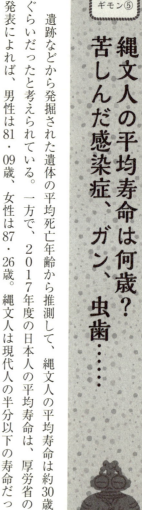

ちなみに、若年層の死亡率の高さは近代に入ってもずっと高く、大正時代でも10歳までに25パーセントが亡くなっていた。子どもが無事に育つようになったのは、最近になってからのことなのだ。

また骨の調査などから、縄文人の死因は感染症が多いと推測されている。感染症とは寄生虫や細菌、ウイルスなどが原因で引き起こされる病気の総称で、軽いものでは風邪、重いものでは肺炎や脳炎などが代表的だ。たとえば、縄文人のすねの骨（脛骨）には、リウマチにかかり血行不良となったため、骨の表面が変形しザラザラになってしまっているものがある。抗生物質などなかったこの時代、感染症にかかることは、すなわち命の危険を意味することも多かっただろう。

しかしながら現在のところ、縄文時代の遺跡から、伝染病などで短期間に大量に死者があった痕跡は発見されていない。また、結核の痕跡のある骨も見つかっていない。結核はおそらく、あとの時代（弥生時代）に大陸から入ってきたとされている。

感染症以外にも、縄文人がさまざまな病気に苦しんでいたことがわかっている。たとえば、福島県の三貫地《さんがんじ》貝塚で発見された頭蓋には、骨の融解による小さな穴が生じており、ガンが骨に転移したことによるものと考えられている。

そのほかに、小児まひや関節炎、歯槽膿漏、虫歯、骨折などの痕跡も、縄文人の骨に残されている。甘いものがなさそうな縄文時代に虫歯、というのは不思議なようだが、木の実などに含まれていたデンプンが原因となったのだろう。

病気やケガをしても、縄文時代には現代的な医療技術や化学的な薬もない。薬草の摂取や呪術的な医療行為を受ける以外、ひたすら辛さに耐えるしかなかった。という意味では、現代人からするとかなり大変な時代だったことは間違いない。

素朴なギモン⑥

縄文人は、なぜ「縄」の模様にこだわったのか？

「縄文時代」の呼称の由来は、この時代につくられた土器の多くが独特の縄模様（縄文）をもっていたことから、と知られている。縄文は土器の表面に縄を押しつけて、回転させることでつけられたものだが、なぜ、縄文人たちが縄模様にこだわったのかは、はっきりしたことはわかっていない。

有力な説のひとつは、機能的な滑り止め説である。土器が手から滑り落ちないように縄文を施したというのだが、縄文のない土器も多いので、すべての土器に適用できる説ではない。

精神文化の観点から、縄で文様をつけることで土器の中に霊性を閉じ込めたのだとする「結縛《けつばく》信仰」と呼ばれる説もあるが、これなどは反証可能性がなく、学説とはいえない。

一方で、文様を施すさいに、単に縄が身近にあったから施文具《せもんぐ》として使われた、という説もある。縄文土器のなかには、貝殻やヘラ、鹿角《ろっかく》などで模様をつけたものも数多く存在している。縄も、何かを縛るときに使う日常の道具として手近にあったために用いられた、

縄文のつけ方

斜縄文《しゃじょうもん》

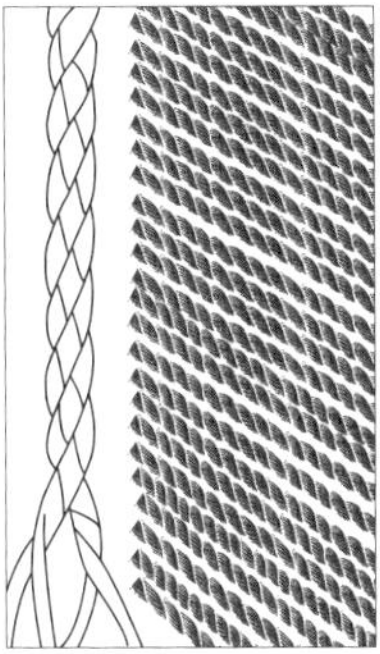

縄を平行に回転させると、斜走する縄文になる。

羽状縄文《うじょうじょうもん》

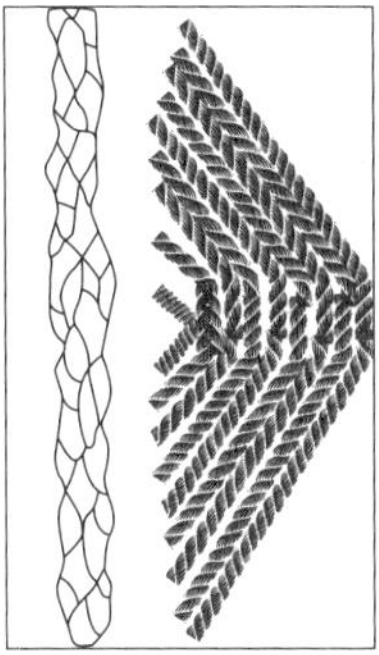

右傾と左傾の斜縄文を交互に配置してできる。

撚糸文《よりいともん》

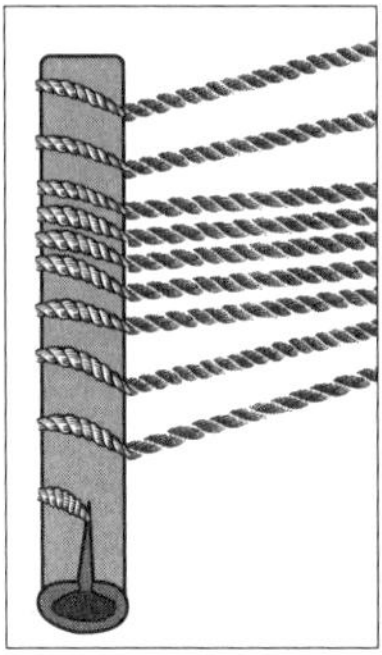

縄を丸棒の軸に巻いて回転させるとできる。

とも考えられるが、何か縄でなくてはならない理由があったのかもしれない。

ただ、これではなぜ縄文が単なる斜行する縄目だけではなく、撚《よ》りの違うものが段違いに交互に縞状《しまじょう》につけられたりして文様とされたのかといった問いには答えられない。縄文の発達という現象は、機能的な側面からだけでは理解できないのである。

縄文土器の縄文は、前期の東日本において非常に多種多様な縄文が施されるようになり、ひとつのピークを迎える。

その後、中後期において縄文の一部を磨《す》り消して文様をつくり出す「磨り消し縄文」の技法が登場し発達する。現代人には読み取ることはできないが、そこには多くの物語が込められていたのであろう。

素朴なギモン⑦

「言葉の壁」も超えていた！縄文人のコミュ力

集団で暮らして、協力して狩りや堅果《けんか》類の採集を行ない、さまざまなものを交易によって入手していた縄文人たちは、当然ながら言語によるコミュニケーションを活発に行なっていた。だが、どのような言語を話していたのか、現在ではまったくわからなくなっている。古い言語は文字などの記録があって、はじめて理解することができるのだ。

初期の日本語である「大和《やまと》言葉」の原型にあたる言葉を話していた、との説もあるが、その証拠は何ひとつ残されていない。なお、アイヌの人びとや琉球の人びとが話していた言語に、縄文時代以来の言葉が残されているという説もあるが、では具体的にどれがという話になると、学術的に十分な裏づけを得ることは難しくなる。

ただ、ある一定の範囲で主体的に通じる言語を話していたことは、縄文人が私たちと同じホモ・サピエンスであることを前提として、同じような文様をもつ土器（型式）の分布の仕方や、同じ製作技法による石器や骨角器の広がりなど、文化的な地域性の存在からも推測することができる。

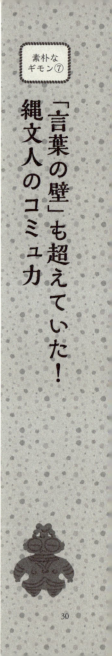

また、日本列島域は東西に長いため、縄文時代にも名詞や動詞などについては地域的な、いわば「方言」も存在したことであろう。そういったものもひっくるめて、当時の日本列島域に「縄文語」というものが存在した可能性は考えておいてもよいかもしれない。

言語の壁は、縄文文化の境界域において著しかったようだ。たとえば、九州と朝鮮半島南部の間では、土器の文様や釣針などの骨角器が類似しており、相互交流が盛んであったと考えられてきた。しかし最近の研究では、外面的な類似性は強くとも、土器そのものや骨角器の製作技法など、細かい点はだいぶ異なるということもわかってきた。このような状況では、人が恒常的に交流し、流暢に言葉を話しあい、コミュニケーションを取りあっていたとは考えにくい。このことから、研究者のなかにはすでに当時の朝鮮半島側と日本列島側で言葉の壁があったと想定する人もいる。

しかしながら、人のコミュニケーション手段は言葉だけではない。外面だけといえども、類似しているということは、言葉以外のコミュニケーション（非言語的、ノンバーバルコミュニケーション）もあわせて発達していたことも意味する。縄文人が「外国語の壁」を超えていたのは間違いない。また、縄文人は黒曜石やヒスイなどを対象とした遠距離交易も盛んに行なっており、方言のような言葉の壁も超えていたこともわかっている。縄文人のコミュ力は、なかなかなものであったと考えられるだろう。

素朴なギモン⑧

仏教伝来のはるか前から存在していた、埋葬システム

縄文時代の遺跡からは、数多くの墓が見つかっている。当時から亡くなった人を葬《ほうむ》り、悼《いた》む習慣があったのだ。

墓の様子は同じ縄文時代でも、時期や地域によってかなり違う。たとえば、浅い穴を掘ってそこに遺体を横たえ、上から土をかけるだけといった簡単なものもあれば、穴を深く掘り下げ、周囲に杭を打ち込んで土留めした、手の込んだものもある。現在の墓と同じように、墓標として墓の上に石を置いたものもある。

青森県の三内丸山《さんないまるやま》遺跡では何種類もの墓が見つかっており、そのひとつ「土坑墓《どこうぼ》」は穴を掘って土をかぶせるものであった。全部で１８０基も発見されており、幅十数メートルの道を挟む形で、整然と二列に並んでいた。遺体の足はすべて道のほうに向けられており、穴は足のほうが低くなる形で掘られている。このことから、当時の埋葬の仕方に明確な決まりがあったことがわかる。

ただ、道を挟む形で葬られていたのはおとなの遺体ばかりで、子どもの遺体は、もっと

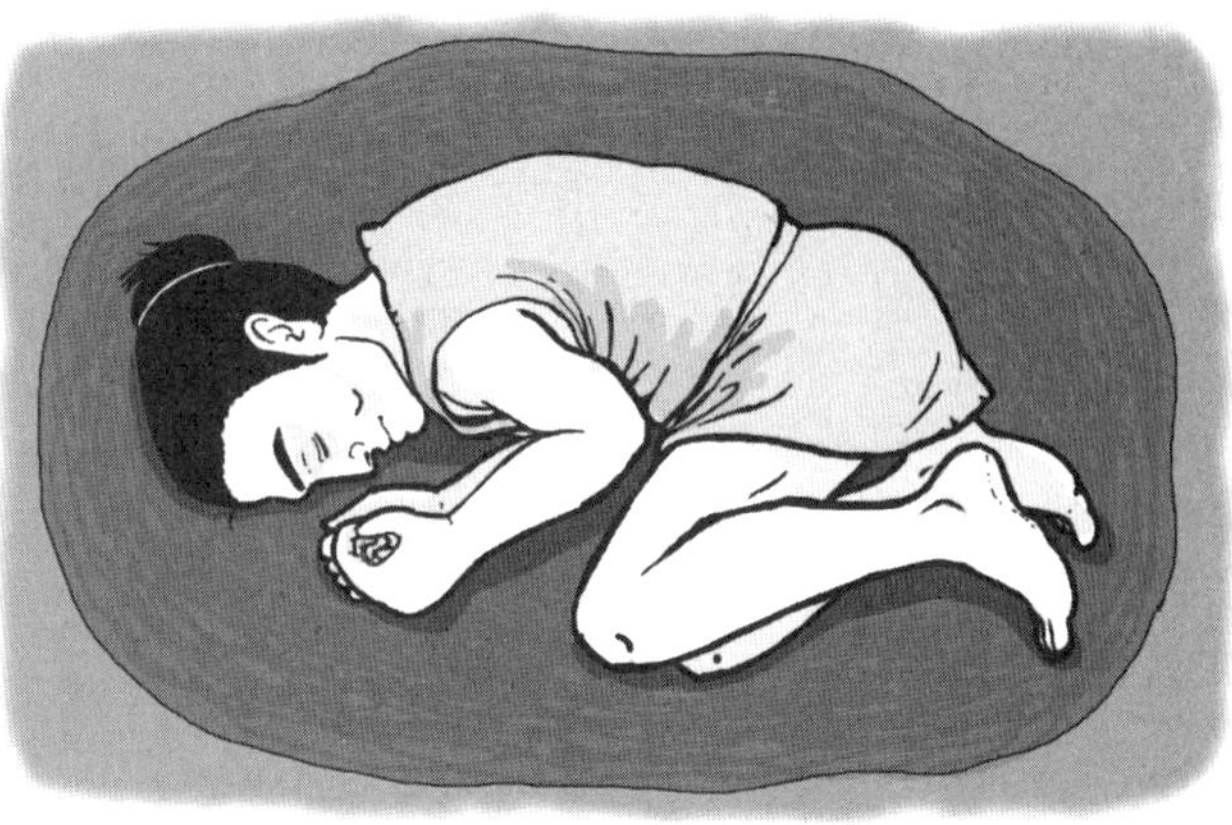

代表的な屈葬。埋葬方法は時代や地域によって大きく違う。

居住区に近い場所に、密集して埋められていたのだ。さらに、穴に直接横たえるのではなく、子どもは土器の中に納められたあとに、土器ごと埋められていた。

このことにどのような意味が込められているのか、明確にはわからないが、土器を母体に見立て、遺体を納めて埋葬するのは、子どもを母の体内に戻すことによって再生を祈願しているという説もある。

おとなとは違う埋葬方法をとっているということは、縄文人にとっても子どもの死というのは、やはり大きな悲しみをともなう、特別なものだったのだろう。

そして、子どもの墓が住居の近くにあるのは、ふたたび生まれて、早く家に帰ってきてほしいという、親の願いが込められていたのかもしれない。

ちなみに、三内丸山遺跡で見つかった子どもの墓は、おとなの5倍近い880基もあった。このことからも、縄文時代の子どもの死亡率の高さが推測できる。

妊婦の遺体も特徴的な葬られ方をしていることが多い。妊娠や出産に対する、縄文人の深い思いがうかがわれる。

イヌも丁寧に葬った縄文人

縄文時代の墓の遺跡から見つかるのは人骨だけではない。なんと、イヌの骨も見つかっているのだ。

宮城県の田柄《たがら》貝塚では、人と同じ墓域の中に多くのイヌが、丁寧に埋葬されているのが発見されている。岩手県の貝鳥《かいとり》貝塚や千葉県の曽谷《そや》貝塚、白井大宮台《しらいおおみやだい》貝塚などでも、埋葬されたイヌの骨が見つかっている。

さらに福島県の三貫地貝塚では、イヌが大きな石を載せられて葬られていた。当時の人に対する葬法のひとつである「抱石葬《だきいしそう》」（胸や腹に石を抱かせて埋葬する方法）と、まったく同じ方法である。

このように、イヌを丁寧に葬った例は、縄文時代早期の終わりごろの遺跡から見つかりはじめ、縄文時代後期から晩期にかけてもっとも多くなる。イヌの埋葬例は、これまで全国で200例ほどが見つかっている。

イヌは人類が最初に飼いならした動物ともいわれており、人間とイヌの共生はかなり古い時期にまでさかのぼるとされる。縄文人たちにとってもイヌは狩猟の大事なパートナーであり、生活をともにする友人であったのだろう。愛知県の吉胡《よしご》貝塚では、幼児の骨と子犬の骨が同じ墓から見つかっている。

ただ、縄文人にとってイヌは仲間であるだけではなく、ときには呪術の対象にもなった。前出の吉胡貝塚や同じ愛知県の伊川津《いかわづ》貝塚などでは、特別な女性の埋葬例の周囲をイヌが囲むように埋葬されていた。イヌの犬歯を使用した装身具やイヌを模した土製品も発見されており、当時イヌが猟犬以外にも多様な存在であったことがわかる。

ともあれ、弥生時代に入るとイヌの埋葬例は極端に減る。その一方で弥生時代に目立つようになるのが、解体痕が観察できるイヌの骨である。これは、イヌが食料となっていたことを意味する。縄文時代と弥生時代ではイヌに対するまなざしが大きく異なっていたことは間違いない。

墓や埋葬方法を調べることは、縄文時代の生活スタイルを知るための大きな手がかりとなっているのだ。

素朴なギモン⑨

階層が存在し、病人は介護されていた！高度な縄文社会

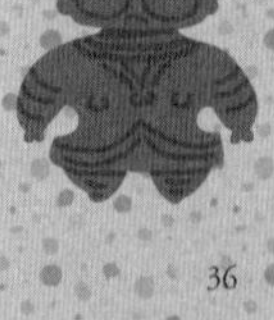

縄文時代は階層のない平等な社会、との印象をもつ人が多いのではないだろうか。そうした穏やかなイメージが、近年の研究で変わりつつある。実際の縄文時代は、一部では良くも悪くも階層がしっかりと存在する、高度に組織化された社会だったと考えられるようになっているのだ。

その証拠としては、墓の格差が挙げられる。同じ遺跡から発見された墓でも、遺体を埋めた穴の大小の違いがみられるのだ。おそらく、大きな穴ほど身分の高さを表わしているのだろう。漆製品や貝製の装飾品、希少だったヒスイとともに埋葬された遺体もあり、身分の高い人の墓と考えられる。

ところで縄文時代の集落は当初、２棟～３棟単位の小規模なものが想像されていた。その程度の規模の集落ならば、とくに階層などは必要としないだろう。

だが、１９９０年代から本格的な発掘調査がはじまった青森県の三内丸山遺跡のような大規模集落になると、そうはいかない。なにしろ、三内丸山遺跡からは通常の遺跡にもあ

指導的立場の人びとがいた縄文時代の集落

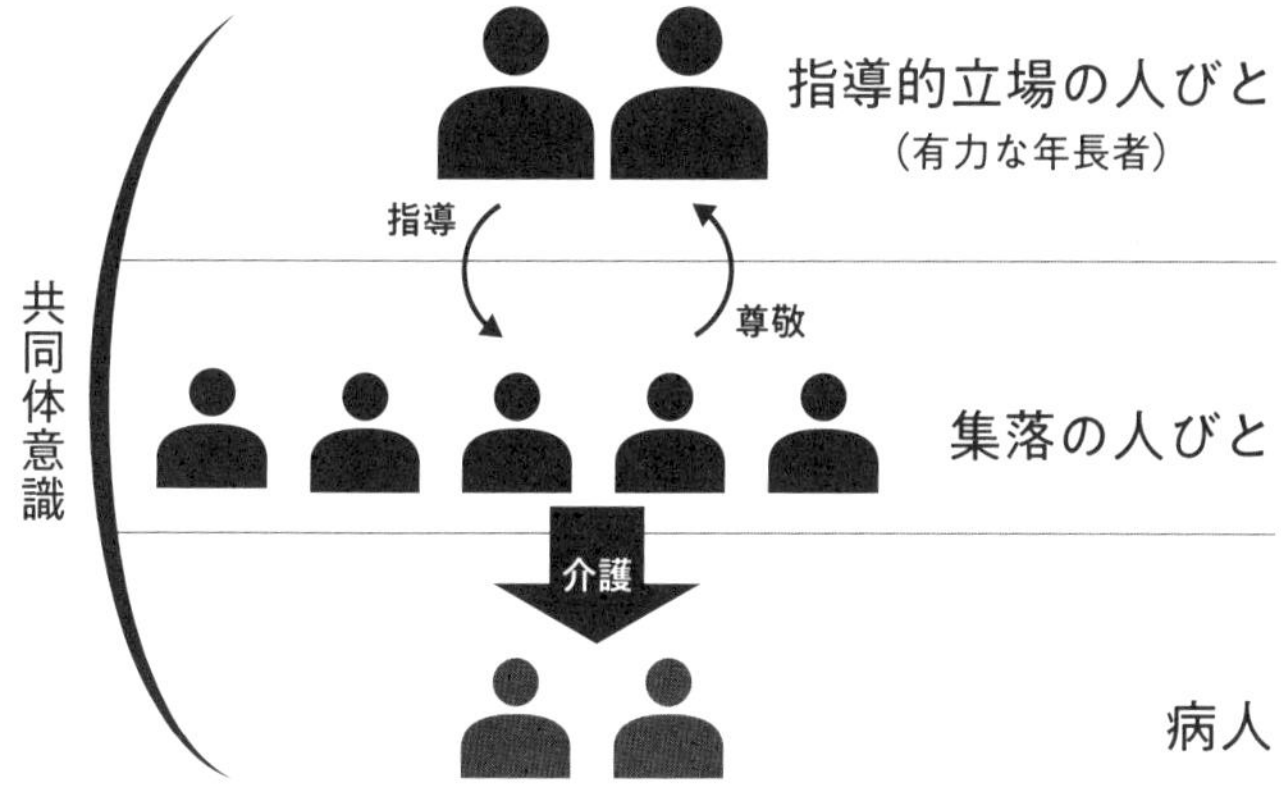

大規模な集落では、指導的立場の人びとが必要となった。階層はあったものの、病人は介護をし、共同体意識をもっていたと考えられている。

る竪穴住居のほかに、大型竪穴住居が10棟以上、約780軒にもおよぶ住居跡、祭祀用だったと思われる大型掘立柱《ほったてばしら》建物が発見されたのだ。

さらに、共同のごみ捨て場や食物を保存する貯蔵穴、屋外の共同調理施設、埋葬施設なども発見された。これだけ大規模な集落を維持しようと思えば、共同体を導く指導的立場の人びとが必要になる。このような人びとは、時期や地域、場面によっては階層上位の人びととなった可能性がある。

では、どのような人間が指導的立場になったのだろうか。これは、その集落の有力な年長者だった可能性が高い。

縄文時代以前、移動を続けながら狩猟生活を送っていた時代は、足腰の弱い年長者は足手まといになったことだろう。しかし、縄文時代になって定住化が進み、移動の必要が減ると、獲物の獲れる場所や時間帯、特定の木の実が採れる季節、祭祀のやり方などについて、年長者がもっている知識や経験は非常に役立ったはずだ。このようなことから、集落の指導者には、家族が多かったり、狩猟や漁労などに多くの能力を発揮した有力な年長者が選ばれたと考えられるのである。ただし、年長者全員がそうなったわけではない。

また、「平等な縄文社会」という牧歌的なイメージにともない、以前は「縄文時代は戦いのない平和な社会」だったという言説が広く流布していた。だが、大規模な争いの痕跡は残されていないものの、殺人を含めた暴力沙汰は多々あったようだ。

いくつかの遺跡からは、顔面を殴られて鼻を骨折した人骨や、斧などで頭を殴られた痕のある人骨、石鏃《せきぞく》を撃ち込まれた人骨、鹿角製の武器で刺殺されたらしい人骨が見つかっている。

集団で人が暮らしていれば、妬《ねた》みや嫉《そね》み、怨恨などから殺人が起こるのは避けられないだろう。また、集団どうしで食料の奪いあいもあったかもしれない。

共同体意識で、介護の必要な病人も支えた縄文社会

上下関係もあり、暴力沙汰もあったというと、縄文時代も住みづらい社会だったと感じ

る人も多いかもしれない。だが、高度に社会化されていたおかげで、良い面もあったのだ。

北海道の入江貝塚からは、特殊な成人女性の遺体が発見されている。その遺体の手足の骨は、明らかに通常の縄文人のものよりも細く、幼少期に成長が止まった痕跡が残されていた。

手足の骨の成長が止まってしまった原因は、脳性まひや筋ジストロフィーなども考えられるが、小児まひだった可能性が一番高いとされている。

原因はともあれ、この女性は子どものころから自力で立つこともできず、つねに介護が必要な状態だったはずだ。それなのに、成人まで生きることができたというのは、周囲の者が食べ物を与え、世話を焼いたということである。

狩りもできなければ、木の実も採れず、土器をつくることもできなかったとすれば、厳しい言い方をすると、集落にとっては本来必要のない人間だ（ただし、特殊な人という意味で呪術的な存在であった可能性は残る）。そういう人をみんなで支えて、生かそうとしたのは、同じ集落で暮らす者どうしが共同体意識をもち、高度に社会化されていたためと考えられる。集落の人びとがそれぞれ自分勝手に暮らしていたら、この女性は幼少のうちに亡くなっていただろう。

縄文社会には、厳しい面もあれば、優しい面もあったのである。

素朴なギモン⑩

足し算も引き算も割り算もしていた!? 縄文人の数の概念

縄文時代にもすでに「数」の概念は存在していた。狩りで獲った獲物を分配したり、量を計ったり、あるいは順番をつけるなど、さまざまな場面で縄文人たちは数を使いこなしていたと考えられている。

その証拠のひとつとしてあげられるのが、秋田県の大湯環状列石から出土した土版《どばん》である。高さ6センチ程度の小さな土版であるが、この土版には、刺突によって1〜6までの数を示す孔《あな》があけられている。

それだけではなく、2は小さな孔2つで、6は小さな孔3つの固まりが並ぶ形で示されており、これは1＋1＝2や3＋3＝6という足し算の概念を、縄文人が理解していことを表わしている。その逆である引き算、さらに割り算も理解していた可能性が高い。

ちなみに、縄文人は3と5と7という数字を特別視していたとされる。3本指の土偶や突起が5つある土器などが数多く発見されているのだ。

また、縄文時代には35センチが長さの基準となる単位だったという説がある。青森県の

孔の数で１～６までの数字を示している土版（写真提供：鹿角市教育委員会）

三内丸山遺跡をはじめ、東北地方の縄文遺跡のいくつかの構造物で、柱と柱が、きっちり35センチの倍数の間隔で並んでいたことが判明しているのだ。この単位を「縄文尺《じょうもんじゃく》」という研究者もいる。

なぜ、35センチが基準の単位になったかについては諸説ある。ひとつは、縄文人の体の一部、たとえば肘から手首までの長さを単位にしたというものだ。

古代西洋では、「キュビット」と呼ばれる、人間の肘から中指の先までの間の長さに由来する単位が使われていた。このようなものを「身体尺」と呼ぶが、大型の建物を建てるなど高度な建築技術をもった縄文人が身体尺を使用していたとしても、まったく不思議ではないだろう。

素朴なギモン⑪

遺跡から出土した土器や土偶は、どうやって復元しているのか？

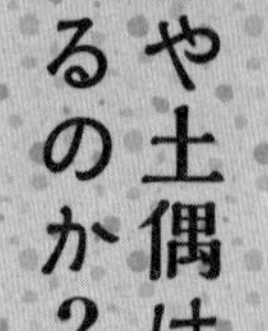

土器や土偶など縄文遺跡から発掘された遺物は、地元の埋蔵文化財センターなどに運び込まれる。ここで調査員の指導のもと、整理員の人たちがきれいに洗い、乾燥させる。破損している部分などがあれば仮組し、接着剤で修復される。

ちなみに、調査員は自治体の教育委員会や埋蔵文化財の発掘専門知識をもった人たちだが、整理員は地元で一般人を対象に求人されることが多いので、興味がある人は参加してみるといいだろう。

整理された遺物は、いったん警察に「遺失物発見」として届けなければいけない。法律上は財布を拾ったのと同じである。同時に「埋蔵文化財発見届」を都道府県の教育委員会に提出する必要がある。そのような手続きを経て、改めて文化財として認定される。

文化財に認定された遺物は国民共有の財産として、博物館などに飾られたりするが、特別に重要な資料に関しては、さらに専門の修復師による復元作業が施されることもある。修復師の多くは美術大学や専門学校などを卒業し、専門の業者で経験を積んだ人たちだ。

日本全国に埋蔵文化財専門の修復会社が3社～4社ほど存在する。

修復師の仕事は、遺物を出土したときと同じ状況にする、すなわちバラバラにすることからはじまる。そして、破片の断面や割れ方を細かく見ながら、再度丁寧に復元していくのである。

土器については欠けた部分をそのまま復元できるケースが多いが、土偶が壊れていた場合、どこまで完形品に近い形で復元するのかは、難しい判断となる。壊れた土偶は、縄文人たちが意図的に破壊したと考えられており（158ページ）、そのままの状態で保存しておくべきという研究者も多いからだ。それでも、とくにその形状に価値があり、復元すべきと判断される土偶もある。

体の一部分しか残されてない土偶の全身像を復元する場合、修復師はその土偶が出土した遺跡の周辺から、似たような土偶がないかを調べる。そして、模様のつけ方や身体の形、顔の表情などが似た土偶を参考に、想定図を描いていく。たとえば左足が残されていれば、そこにある文様と同じものを図の右足にも描いてみる。

想定図は何人もの専門家によりチェックされ、問題ないとなってようやく実際の復元作業に取りかかれるのだ。復元作業の途中でも何度か専門家のチェックが入り、私たちが博物館で見るような姿になるのである。

縄文コラム

手形・足形・抜歯、縄文人の通過儀礼

人生の節目節目で、それを記念するために行なわれる儀式を「通過儀礼（人生儀礼）」という。たとえば、現在の私たちが体験する七五三や成人式などもその一種だが、縄文時代にも通過儀礼はあったようだ。

北海道から東北にかけての縄文遺跡から、２歳～３歳の幼児の手足を粘土に押しつけた土製品が見つかっている。一部の研究者は、これを子どもが健やかに育つことを願った通過儀礼によるものと考えている。

また、縄文時代晩期の遺跡からは、抜歯された跡のある人骨が数多く発見されており、これも通過儀礼の一種だったようだ。抜歯のされ方にはいくつものパターンがあり、それぞれ儀礼としての意味が違ったようである。

一説には、上あごの左右の犬歯、ないしは左右どちらかの第二切歯を抜くのは、おとなになったことを意味する儀礼だったという。当時、歯を抜くときは麻酔もなく、かなりの痛みをともなったことだろう。それに耐えることが、おとなの証だったのかもしれない。

結婚したら下あごの左右の犬歯や、真ん中の切歯を４本抜くといった儀礼もあったようだ。そのほか、妊娠、出産、近親者の死などのたびに抜歯は行なわれていたらしく、なかには上下の歯が10本も抜歯された人骨も見つかっている。

パート２

意外と楽しく暮らしていた！縄文人の衣食住

縄文人の衣食住

縄文時代の老若男女の役割分担は？ 縄文人の暮らしの解剖

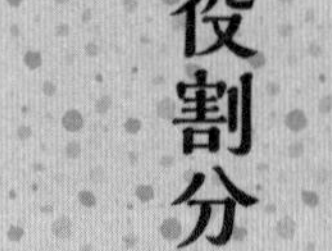

縄文時代の人口はピーク時でも26万人ほどで、現代とくらべてはるかに少なかったといわれている。そのため、婚姻も現代のような自由恋愛によるものではなく、集団間による取り決めがあったようだ。

パートナーを得た男女は、家族というコミュニティをつくり生活していた。出産や子育ての場面については、「出産土偶」や「子抱き土偶」、出産の場面を土器に描いた絵画などからも知ることができる。

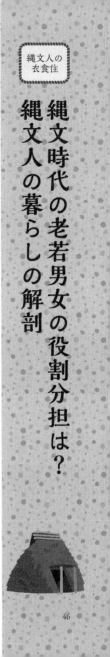

子どもの離乳までの時期は、子育てはおもに女性の役割だったと思われる。とはいえ、縄文時代も男性も育児に不参加だったわけではなく、子どもと遊ぶなどの面倒をみることはあったのではないだろうか。

女性の役割は、出産と子育てだけではない。山に入り、ワラビやゼンマイ、タラの芽などの山菜、ドングリやクリ、クルミといった木の実など、食料になる植物採取の担当もしていた。海に近い地域に暮らしていた女性は、アサリなどの貝の採取も行なっていたようだ。採取した品々の調理も、民族例を参考にすると、女性の役割とされていたかもしれない。また、土器づくりも女性の役割だったという説もある。

男性はというと、獣を獲る狩猟、魚を獲る漁労など生業活動のほか、住居を建てたり、穴を掘ったりする力仕事などを分担していたようだ。それだけではなく、狩猟に使用する石器や漁労に使用する釣針や銛《もり》、丸木舟づくり、さらには黒曜石《こくようせき》（120ページ）や頁岩《けつがん》（薄い板状の堆積岩）など石器の材料となる石材の採集も、男性の大切な仕事だったと思われる。

平均寿命が30歳といわれていた縄文時代、65歳以上まで長生きした人もいたが、全体的に60歳を超える老齢者の数は少なかったのではないかといわれている（26ページ）。いわゆる老人になると、集落や集団の経営からは引退したようだ。そして、経験豊富な存在として、周囲にさまざまなアドバイスを送るほかに、育児などの手助けもしていただろう。

子どもたちは貴重な働き手として、親や周囲のおとなたちの手伝いをしながら暮らしていたと推測される。縄文人は早婚で、女性は14歳〜17歳で結婚・出産をする人が多かったようだ。

縄文人の社会では、年齢や性別に応じて生活上の役割分担がある程度決まっており、そのなかでお互いができることを最大限に行なっていたのだろう。

狩り
採集
石器づくり
貯蔵穴
お墓
貝捨て場

老若男女に役割があり、それぞれが助けあって暮らしていた縄文時代の集落

弥生時代より前から米を食べていた？「稲作の起源」の結論

14ページで紹介したとおり、多くの日本史の教科書では、約2500年前ごろから稲作がはじまったとしている。

しかし、国立歴史民俗博物館を中心とした研究チームのAMS法による年代測定により、2500年からさらに500年ほどさかのぼった、3000年前から稲作が行なわれていたという結果が出ている。

この結果が正しければ、紀元前10世紀には稲作がはじまっていたことになる。

従来どおり紀元前4世紀に稲作が全国に広まった場合、九州から青森までかなりのスピードで稲作が伝わったと考えられてきた。それが、3000年前だと、600年かけて稲作が北上したことになるのだ。

青森県に東北地方最古の水田跡地といわれる、砂沢遺跡がある。稲作が北上して完成した状態になっていると思いきや、水路はあるが水口がないという不完全な水田であった。遺跡からは稲作を裏づけるような農機具の発掘はなく、この地の縄文土器の系譜を色濃く

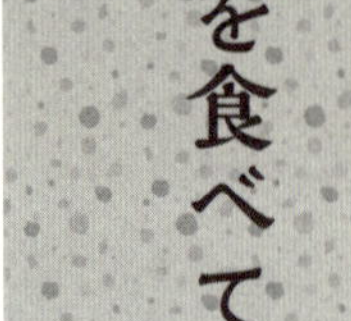

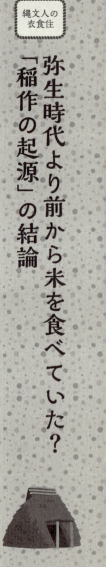

砂沢遺跡の水田跡。水路はあるが水口がなかった。（写真提供：弘前市教育委員会）

引く弥生土器や土偶が多数発掘されている。

また、稲作は途中で放棄されていることから、稲作が北上したことは間違いないが、この地に稲作は定着しなかったのではないかとも考えられる。

縄文時代に稲作はあったのか？

20年ほど前には、弥生時代よりも前から縄文人が米を食べていた可能性があるという説があった。それを導き出したのが、プラントオパール分析法による調査だ。これは、植物の中にある珪酸《けいさん》というガラス質の化合物を調べるもので、プラントオパールは腐ることなく地中に1万年残留しているといわれている。

プラントオパールは種類によって形状が違うのが特徴で、イネはイチョウに似た形をしている。多量に検出できれば、イネの栽培の可能性が上がることになる。

岡山県児島半島の彦崎《ひこざき》貝塚の縄文時代前期の地層からは、イネのプラントオパールが大量に発見された。このことから、日本では6000年前にイネがあったとされてきた。また、島根県の板屋Ⅲ遺跡においては草創期の地層からイネのプラントオパールが採取されたと発表されたこともあった。

しかし、古いプラントオパールにしては風化がほとんどみられず、現世のものとほとんど変わらない形状を保っていること、調査用のサンプルが採取された地層には現生植物の根が入り込んでいるなど、数多くの疑問が指摘され、現在では中世以降のプラントオパールのコンタミネーション（混ざり）であろうと考えられている。

このほか、縄文時代後期の土器の表面に籾《もみ》の圧痕（押しつけられたときにできる跡）があったという事例や、住居跡内から炭化した米が出土した事例などが紹介されたりしたが、その多くは土器の時期認定の間違いであったり、後世のコンタミネーションであったこともわかっている。

このように、縄文時代における稲作の証拠であるが、現在では従来晩期末とされてきた突帯文土器の時期より前の資料については、ほぼ全滅の状態となっている。本格的な稲作は、やはり3000年前以降のところで開始されたと考えるべきであろう。

最古段階の水田跡が見つかっている遺跡

菜畑《なばたけ》遺跡（佐賀県）　　（唐津市教育委員会蔵）

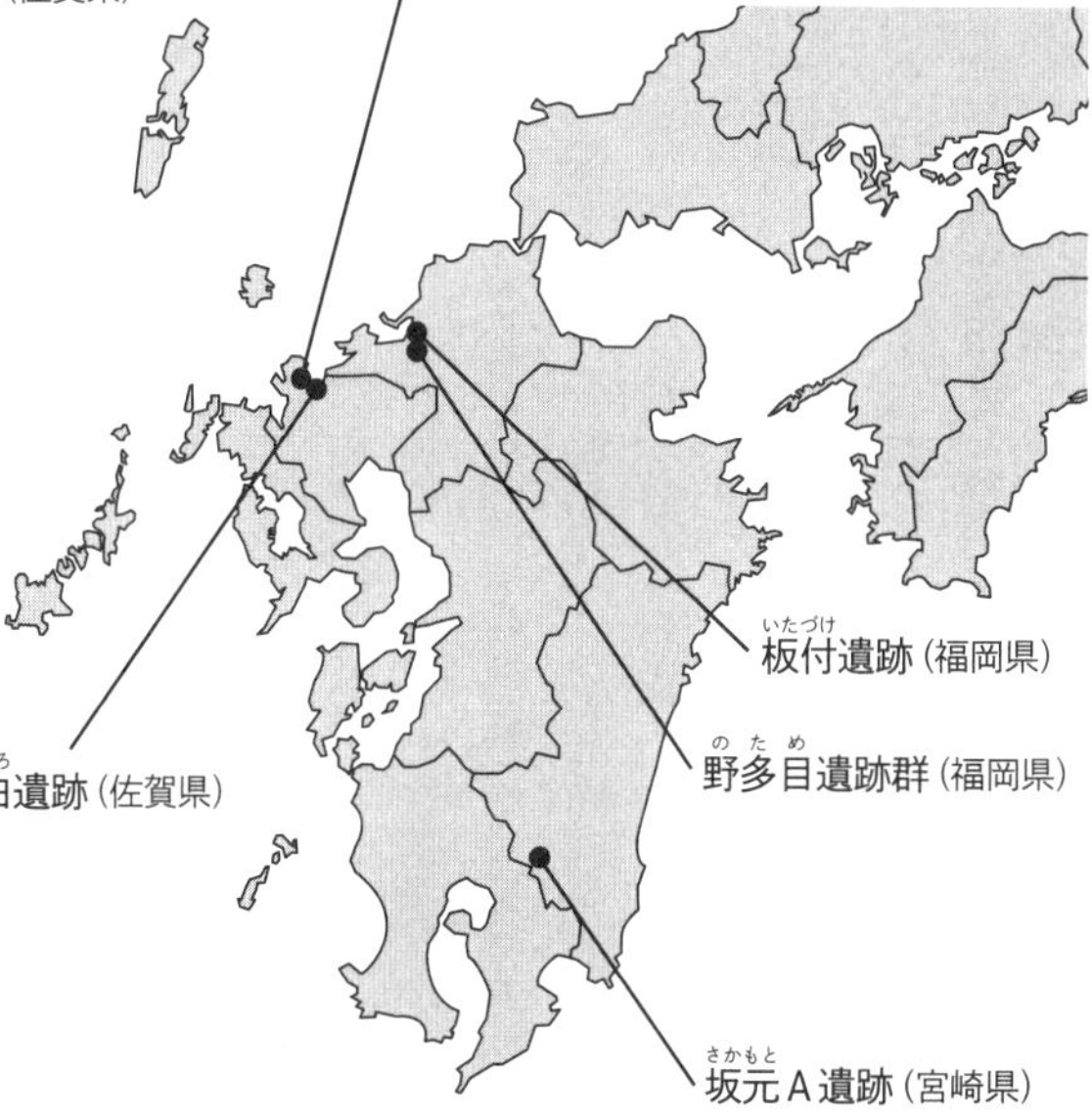

縄文人の衣食住

弓矢を持ってイノシシを追いかけるのは冬？

縄文時代、狩猟は1年中行なわれていたなかで、冬場は狩りが活発に行なわれる季節でもあった。冬の狩猟では、ノウサギやタヌキ、クマ、シカ、イノシシが捕獲された。縄文人にとって、イノシシやシカなどの動物性タンパク質は、とても重要なものだった。

冬になると、東日本や西日本の山間部では、樹木の葉が落ち、森の中でも見通しがきくようになる。また、積雪のある地方では、雪上に残された足跡によって動物の動きを知ることができる。とくにイノシシやシカは冬を越すために、晩秋までに脂肪を体に蓄えるので、味も良くなる。冬はまさに狩猟には絶好のシーズンだったのである。

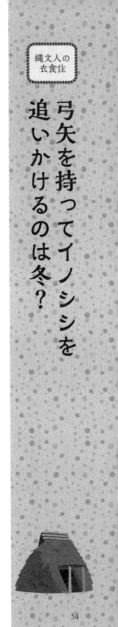

春から夏にかけて、海では魚類が産卵のために岸近くに寄ってくるなど、豊富に獲れるようになる。これは、海沿いに暮らす人たちにとっては有益だ。一方でこの時期は、山間部や森にデンプン質を多く含むような植物はほとんどみられなくなる時期でもある。

したがって、海や川から離れた場所で暮らす人にとって、夏の到来は森にさしたるカロリー源がなくなる、食料不足の時期が来ることを指していた。これをカバーするために、

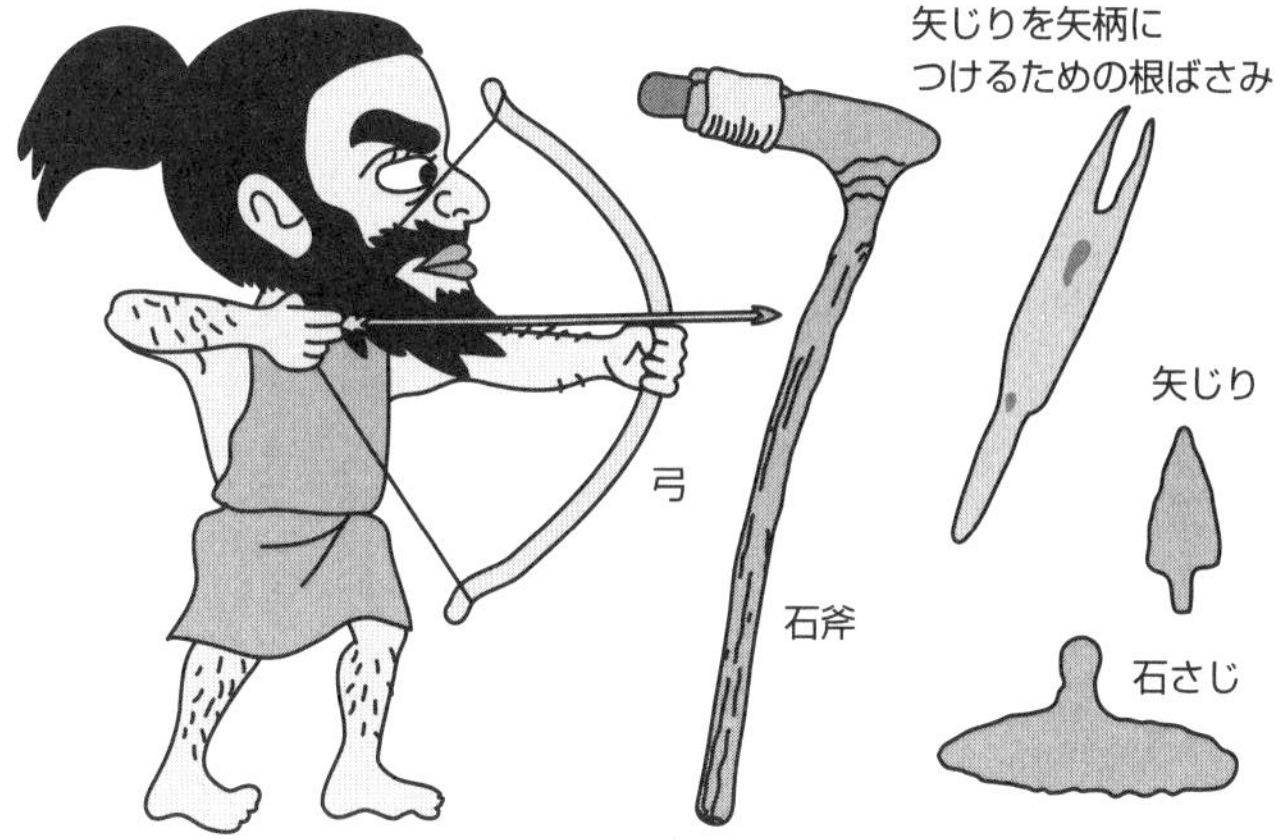

狩猟に使っていた道具。縄文人は動植物をよく観察し、深い知識をもっていた。

冬の狩猟で獲物を多く捕獲して、春から夏の食料不足に備える必要があったのだ。

狩猟で捕獲された獲物の肉は、燻製や干し肉に加工して、夏の時期を越すための保存食としていた。なかでもイノシシとシカは、高タンパクでビタミン豊富という、とても優秀な食料だった。

縄文時代の遺跡、とくに貝塚からは、さまざまな種類の動物の骨が出土している。なかでも、シカとイノシシの骨はどの遺跡からも数多く見つかっており、動物質食料の80％近くが、シカとイノシシでまかなわれていたという研究者もいる。

興味深いのは北海道の状況である。イノシシは、縄文時代の北海道には生息していなかったとされる。しかし、北海道の遺跡からは、相当数のイノシシの骨が出土する。そればかりでなく、イノシシの骨と牙でつくった装飾品も数多く発掘されている。

ここからわかるのは、どうやら縄文人がイノシシを連れて津軽海峡を渡った、ということだ。この場合、イノシシの成獣は獰猛なので、幼いイノシシ（ウリ坊）を船に乗せてきたと考えられる。連れてこられた幼いウリ坊は北海道で飼育され、大きくなってから食料となったのであろう。イノシシは肉を食料に、骨や牙を装飾品に、毛皮は衣服にされていたと思われる。ただ、焼かれた手足の骨が多数発掘されていることから、祭祀に使われていた可能性も否定できない。

脂肪分たっぷりのイノシシは寒い地域のエネルギー源

北海道と本州の多くの遺跡からは、イノシシをかたどった土製品が見つかっている。なかには、土製品に刺突《しとつ》の痕があるものもあった。これは、イノシシの狩猟に対する祈りではないかという説もある。イノシシ形土製品がたくさん発掘されているのに対して、シカを模した土製品はほとんどない。そのことからも、イノシシがいかに縄文人にとって重要な獲物だったかがわかる。

イノシシを狩猟するさいには、基本的に弓矢が使われていた。しかし、弓矢のほかにワナを仕掛けることもあったという。おとし穴もそのひとつだ。おとし穴は全国の遺跡から発見されていて、神奈川県秦野《はだの》市の戸川諏訪丸《とかわすわまる》遺跡では、おとし穴が100基も見つかっている。

縄文人は動物への知識が深く、動物の行動についても熟知していたといわれている。おとし穴を仕掛けるときには、イノシシの習性を考えて、イノシシが通りそうな場所のいくつかに穴を掘り、獲物がかかるのをひたすら待っていたのかもしれない。あるいは、人びとが共同でイノシシをおとし穴の方へ追い込んだのかもしれない。おとし穴は、穴を掘っただけのものと、落ちたイノシシが逃げてしまわないように逆茂木を2本~3本、穴の底にさしたものの2種類が見つかっている。

シカとイノシシはどちらもよく食べられていたが、食料としての特性からみれば、双方には大きな違いがあった。シカは脂肪分が少ないのに対して、イノシシは脂肪分が多かったのである。とくに、秋から初冬にかけては、脂肪の量が増えるのだ。寒い地域に暮らす人たちは、エネルギー消費量が高い。そのため、東北や北海道などの寒い地域で暮らす縄文人にとって、脂肪分の多いイノシシは身体の健康のためにも有効的だったのだ。

健康に良いだけでなく脂身は味も美味しいので、縄文人に人気の高い食料だっただろう。燻製や干し肉以外にも、スープ、縄文クッキーなど、さまざまな食べ方をした。

縄文人の衣食住

縄文時代の食べ物や調理法を科学的に解明する方法

縄文人が狩猟や漁労、植物採集によって食料を得ていたことは、遺跡から出土したものによってわかっている。さらに彼らの骨を分析することでも、食生活を知ることができる。

私たちの体では、古くなった細胞が新しい細胞へと入れ替わっている。骨もそのひとつで、その人が長期間食べていたものが記録されている。死亡時の骨は、亡くなるまでの10年間に食べたものでつくられているという。亡くなった縄文人の骨を調べれば、その人がおもに何を食べていたのか、正確な食生活がわかるのだ。

検査するには、骨からタンパク質のコラーゲンを取り出す必要がある。遺跡から出土した縄文人の骨を1センチほど削り、削った骨を専用の液体が入った試験管に入れて、50度~60度に温めていく。検査液に溶け出してきた骨から不純物を取り除けば、コラーゲンが完成する。しかし、どの縄文人の骨にもコラーゲンがあるわけではない。縄文人が亡くなって数千年も経っているため、なかにはコラーゲンが消失している場合もある。

コラーゲン内には炭素と窒素という2種類の元素があり、それぞれ1種類の原子からで

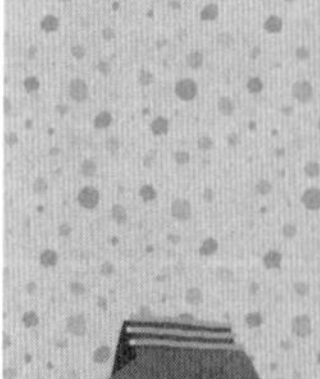

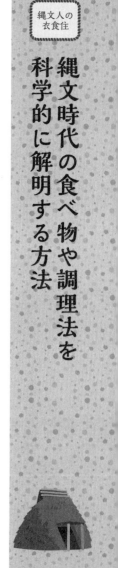

きている。原子には重さが異なる仲間、炭素12・炭素13・炭素14と、窒素14・窒素15があり、これらは「同位体」と呼ばれている。コラーゲンを安定同位体分析機で測定して、同位体の含有量の比を出せば、食べていたものがわかるのだ。

動物や植物に含まれている同位体の割合は、それぞれが違うといわれている。肉と魚ではまったく違い、同じ魚でも海で獲れる魚と川魚とでは違う。植物の場合、ドングリやイネ、イモは同じ同位体だが、ヒエやアワは、別となる。

特定の時代の人の食生活を知るには、その時代に彼らが食べていたとものを事前に分析して、データを取っておく必要がある。縄文人の場合は、陸の哺乳類であるイノシシやシカ、海の哺乳類であるアシカやオットセイ、植物のドングリやイモ、イネ、ヒエやアワなど。そのほかにも、海の魚類、川魚などを分析しておく。ちなみに、縄文時代と現代とでは、動物や植物の炭素と窒素の割合は大きな変化がないことがわかっている。

その分析結果に、調査対象の縄文人の骨の同位体の割合をくらべる。同じ割合を示すものがあれば、それがその縄文人のおもな食べ物ということになる。

縄文人は食材をどう調理していたのか。土器の使用痕跡によると、デンプンやタンパク質を煮込んだ料理をつくっていたことがわかる。縄文人はできるだけおいしく食べられるように、調理法を工夫していたのだ。

縄文人の衣食住

自然のカレンダーをもち、旬の食材を味わっていた縄文人

縄文人は獲物を追い求め植物を採取するなかで、気温、海、川、山の変化などを敏感に察知し、食材についてさまざまな発見をしていただろう。

季節ごとに獲れる食料をまとめた「縄文カレンダー」を考案した、國學院大學名誉教授の小林達雄氏は、「縄文人は日々の暮らしのなかで、どの時期にどの食材が美味しいのか、〝食べ物の旬〟を知っていた」と主張している。

縄文人が季節をはっきりと区分していたかはわからないが、食材を探すなかで、この花が咲くころにこういう魚が捕れる、この木の実が採取できるころにこの貝がおいしい、というように関連づけていた可能性はある。経験により食べ物の旬を知り、それを、親から子ども、子どもから孫へと、伝えていたのではないか。

縄文時代は、狩猟で食料を確保していた印象が強い。しかし、じつはそんなに獲物は捕獲できていなかったといわれている。そのため、動物や魚とくらべて確保しやすい木の実や野山の植物を、おもな食料としていた。

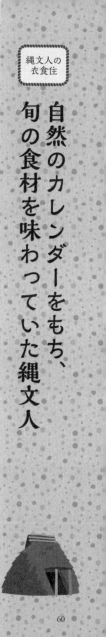

春と夏のおもな食べ物

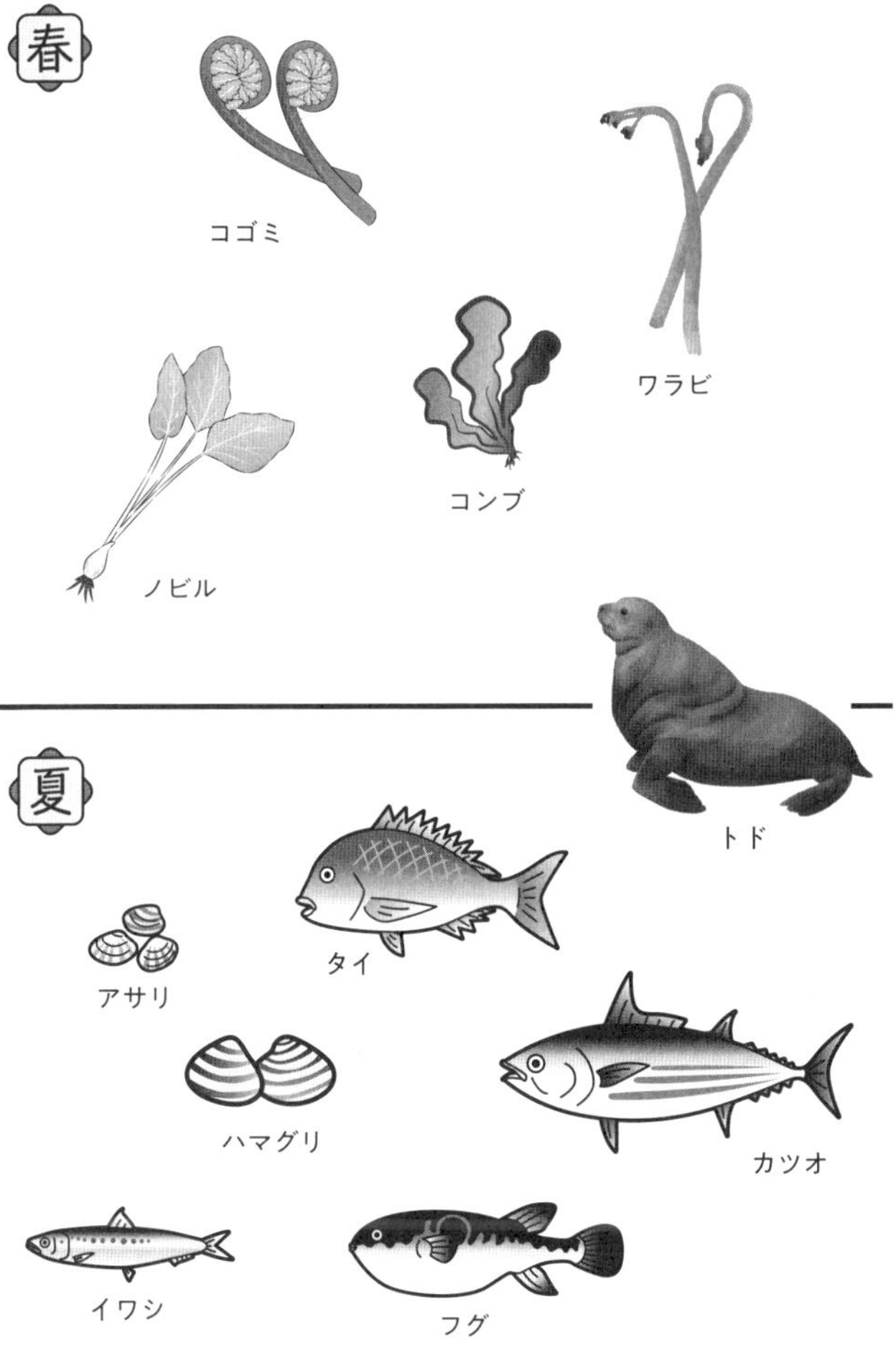

北海道や東北の一部では、春から夏にかけて、トドやアザラシ、オットセイ、ニホンアシカなどの海獣も食べられた。

四季折々にあった旬の食べ物

春はワラビやゼンマイ、ノビル、セリなどの山菜が採れた。しかし、春先から夏にかけては炭水化物を含む動植物が少なく、カロリーが不足がちであった。そのため、炭水化物として保存しておいたドングリも食べた。動物性タンパク質はノウサギやヘビ、カエルなどを獲り、補給していた。

夏は旬の川魚が多く、ヤマメやイワナ、アユなどが獲れた。海の漁労も盛んで、サバやカツオ、ブリ、サザエ、アワビ、アカニシ、シジミなども獲れた。秋に次いで、キノコが獲れる時期でもあった。

秋はドングリやクリ、クルミ、トチなど堅果類の収穫期となる。一時期に大量に採取するために多くの人びとが協業したことであろう。また、地域によっていろいろなキノコが獲れたという。漁労では、サケが獲れた。ドングリをはじめ、この季節に獲れた食材は、保存食の材料にもなった。

冬は、狩猟がはじまる時期となる。男性はカモやヒシクイなどの渡り鳥、シカ、イノシシ、タヌキ、ノウサギ、サルなどの狩りに出かけた。これらは、縄文人の貴重な動物性タンパク質となっていた。そのほかに、木の実や魚の保存食も食べていた。

秋と冬のおもな食べ物

秋

ヤマブドウ

ドングリ

トチ

サケ

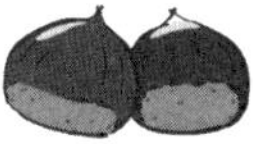

クリ

冬

タヌキ

シカ

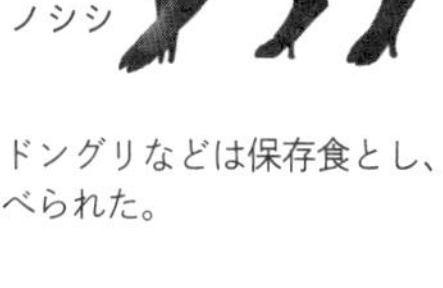

イノシシ

ノウサギ

秋に獲れたドングリなどは保存食とし、炭水化物が不足する春先から夏までの間にとくに食べられた。

縄文人の衣食住

縄文人はドングリが大好物だった？

縄文時代、木の実は縄文人にとって大切な食べ物だった。クリやクルミ、トチも食べられていたが、なかでもドングリ類はとくに食べられていた。ドングリとはコナラ、ミズナラ、クヌギ、アベマキ、カシワ、アラカシなどの実のことを指し、タンパク質と脂質が豊富な栄養価の高い食べ物である。

ドングリと一口にいっても、樹種によって違いがある。民俗誌によれば、岩手県の北上山地では、クリのような甘みがあるトチやカシワは常食には使用せず、淡白でクセのない味のコナラのデンプンを基本食とするなど、目的にあわせて使用するドングリの種類を変えていた。

基本食として親しまれていたくらいなので調理も簡単かと思いきや、ドングリは下ごしらえがとにかく大変。タンニンやサポニンという苦味・渋味成分を含んでいるため、生のままで食べるには適していないからである。

ドングリを食用とするため、縄文人はアク抜きを行なっていた。

ドングリに含まれているタンニンは水溶性なので、流水にドングリを漬けるのが主たるやり方だ。縄文時代は現代のように水質汚染などがない時代なので、川や泉のきれいな水が利用できたが、水さらしだけではアクが抜けるまで、数十日から数カ月という長い期間がかかるのが難点だった。

そのほか、地中に穴を掘って大量のドングリを貯蔵し、地下水を利用してアク抜きを行なっていたこともわかっている。それでもアク抜きに時間がかかることには変わりはなく、ときには土器を使って加熱するという、時間を短縮させたアク抜き法を用いたこともあった。このときに、アクの強いものに対しては、木の灰を湯に入れてアク抜きをすることもあった。

保存してあった乾いたドングリを敲石《たたきいし》・磨石《すりいし》などでついて皮と渋皮を剥がし、石皿で粉砕してたっぷりの冷水に浸す。一晩放置したら上澄みを捨て、水を加えて沸騰させて上澄みを捨てる。さらに水を足してかき混ぜ、ドングリが沈殿したら上澄みを捨てる。これを数回くり返し、水がきれいになったらようやくアク抜き終了となるのだ。

デンプンに水を加えて土器で煮て、粘りが出てアメ色になったら葉の上などに乗せて冷ませば、ドングリモチになる。アク抜きしたドングリを乾燥させたものは、保存食としてさまざまな料理に活用されていたのである。

縄文人の衣食住

干物・燻製・塩漬け……洗練されていた保存の知恵

屋外活動がおもとなる狩猟採集民族の縄文人にとって、食べ物の保存は最重要事項だった。動物や食料の中心だった木の実などの植物がほとんど獲れなくなる、春から初夏に備えておく必要があったのだ。雪が降れば、さらに活動は制限されてしまう。そのため、その前までに集めた食料を保存する技術は、彼らの生存の上で必要なものであった。

とはいえ、食料を単に備蓄していただけではない。おいしく食べられるように、さまざまな工夫をしていた。

森で収穫したクリやクルミ、ドングリ、トチなどの堅果類は芽が出ないように、草や土を覆いかぶせて空気に触れにくくしていた。東日本では台地上につくった貯蔵穴に入れて堅果類を保存していた。また、西日本では湧水地や小川の側に、深さ1メートル～2メートルの貯蔵穴をつくり（こうすると貯蔵穴の中に水が湧き出してくる）、虫殺しやアク抜きが必要なドングリなどの堅果類を水漬けにして保存することもあった。

木の実以外の食料、狩猟や漁労で獲った肉や魚は生物《なまもの》なので、日もちが短く傷みやすい。

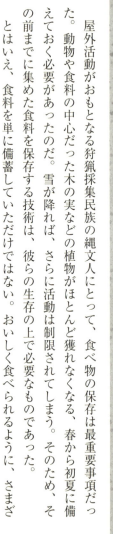

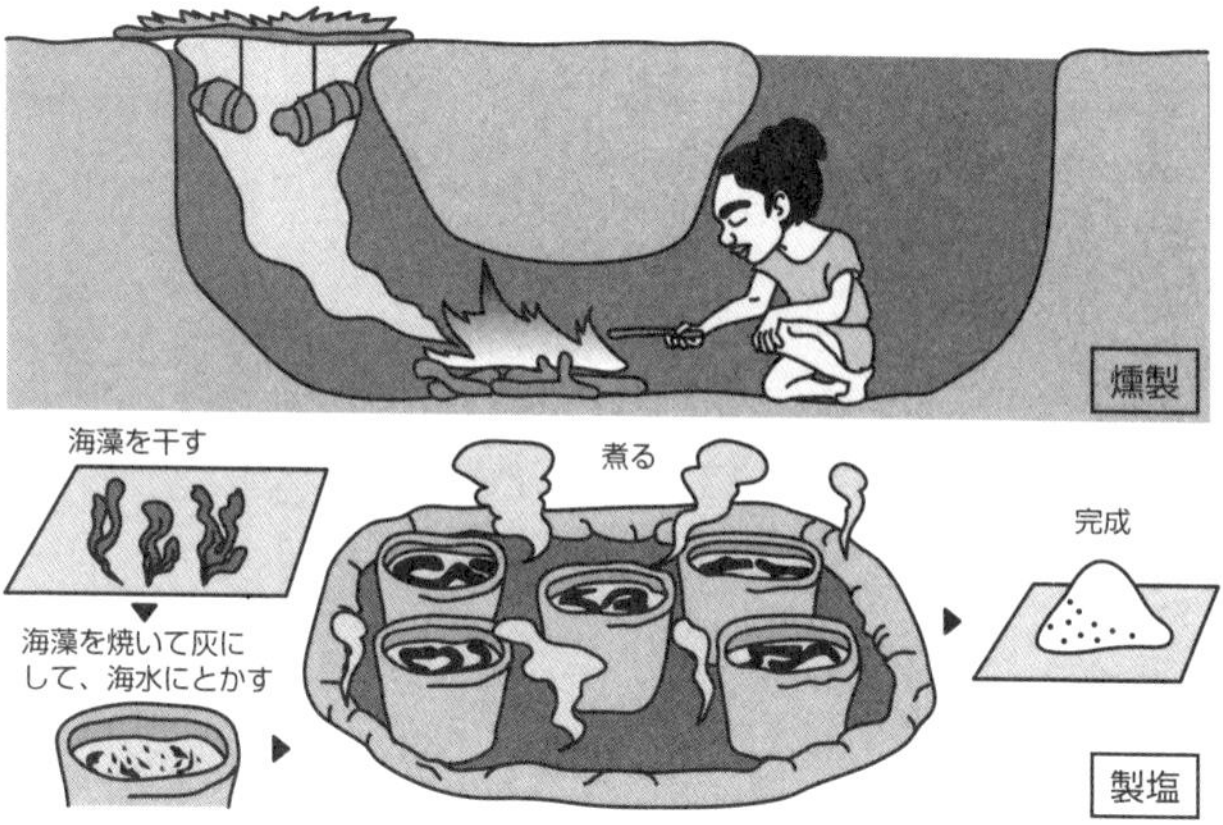

燻製と製塩の方法。塩は手間をかけてやっと少量をつくることができた。

そのため、塩漬けや燻製《くんせい》、天日干しにすることが多かった。ほかに魚醤《ぎょしょう》もつくられていた可能性がある。肉や魚を保存食として加工するさいに欠かせなかった塩をつくるには、土器に海水を汲み、日なたに数日間放置する、もしくは煮詰めて水分を蒸発させるのが、一般的な方法とされていた。

一度にできる塩の量は少ないので、日ごろから塩づくりを習慣にしていたのではないだろうか。その証拠に、太平洋沿岸の遺跡からは、縄文時代後期末から晩期にかけて塩づくりに使用したとみられる、製塩土器が多数発掘されている。

砂糖や醤油などはなかったが、塩と肉や魚のダシなどと塩で、「○○家の味」といった家庭の味の差もあったかもしれない。

縄文人の衣食住

意外とおしゃれな服を着こなしていた？

当時を舞台としたマンガやアニメなどの影響もあり、古代人は毛皮を体に巻きつけた姿で生活していたと思われがちだ。しかし、出土した土偶の文様などから、縄文人も私たち現代人と同じように、衣服を着る文化があったのではないかと考えられている。日本は高温多湿の気候ということもあり、完全な形の縄文時代の衣服は発掘されていないが、低湿地遺跡からは布地の一部が発見されている。

縄文時代の日本は、現代と同じように四季があった。そのため、気温の変化を考慮した衣服を着用していたと思われる。また、遺跡から発掘された土偶の文様から推定すると、衣服には渦巻き文や入り組み文などの柄《がら》が描かれ、赤などの色づけがされたひもで刺繍が施されるなど、装飾も意識されていたようだ。

縄文人は森で、アサやカラムシなど、布地の原料となる植物の茎や樹皮を採取し、それらを繊維と糸にして編んでできた布「編布《あんぎん》」を、シカの角や鳥の骨でつくった針と、採取した植物でつくった糸で縫いあわせて、衣服をつくっていたようだ。

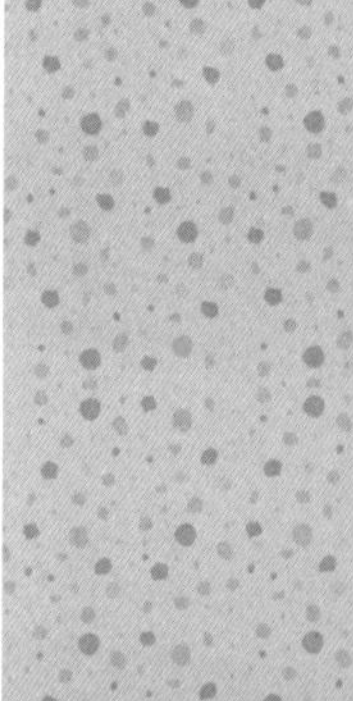

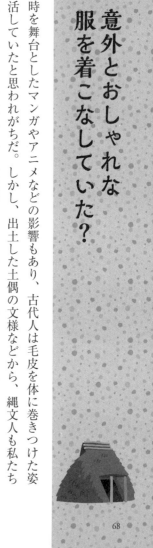

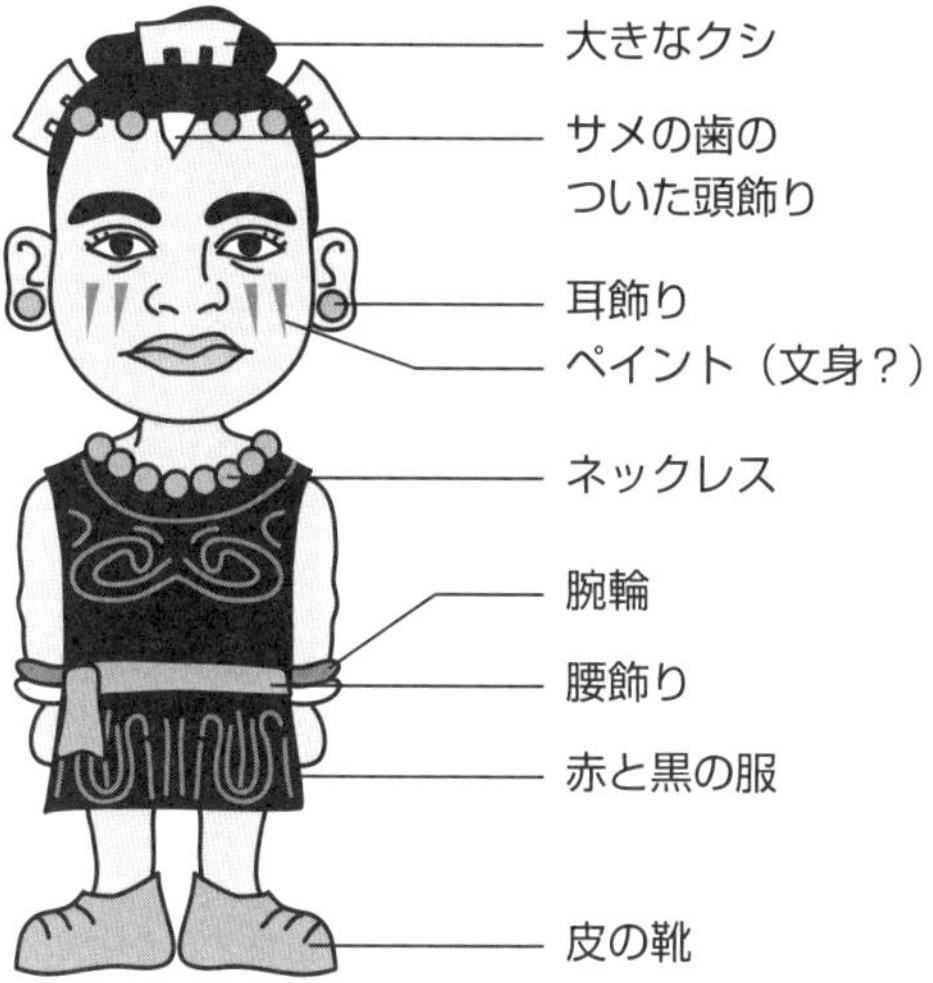

ハレの日の縄文人の服装。赤は血の色につながるため、赤い服や装身具を身につけることで、新しい生命の誕生や再生を祈ったと考えられている。

土偶などから想像すると、春から秋用の衣服は、脇を縫いあわせたものと、脇を縫いあわせずに紐を帯のようにして結ぶものとの2種類があった。

冬服は、通気性や吸湿性にすぐれているシカ皮をなめしたものを肌着にして、イノシシ、ウサギなどの動物の毛皮を利用してつくった防寒着を着用し、動物の毛皮やサケの皮を使ったブーツのようなものを履いていたと考えられている。

また、特別な日（ハレの日）と日常的な日（ケの日）では服を使い分けていて、ハレの日には特別に着飾っていたと考えられている。

縄文人の衣食住

貝塚はごみ捨て場ではなく、あの世とこの世をつなぐ神聖な場所

貝塚は、全国各地に約２４００カ所以上あるといわれている。多くの貝塚からは、身を食べ終えた貝殻や動物の骨以外にも、壊れた縄文土器や石器、骨角器など、日常生活上の役割を終えた、さまざまなものが出土する。

〝貝塚＝いらなくなったものを捨てるごみ捨て場〟の印象が強いが、貝塚には、それに限らず別の役目があったというのだ。

貝塚からは、人骨が出土することがある。なかには埋葬された人骨が見つかる場合もある。その時点で、貝塚を単なるごみ捨て場と考えるには無理があるだろう。また、縄文人は、通常死者が出ると、丁寧に埋葬を行なっていたこともわかっている。ということは、あえて貝塚に墓をつくったということになる。では、なぜことさらに遺体を貝塚に葬ったのだろうか。

１８７７（明治10）年に大森貝塚を発見したアメリカの動物学者モースは、散乱した人骨が大森貝塚から出土したことに触れ、石器時代人（縄文人）は人を食べ、その骨を貝塚

に捨てていた、というセンセーショナルな説を発表している。しかしこれは、カニバリズム（食人風習）をことさら取り上げたものではなく、大森貝塚の古さを証明するためのものであった（86ページ）。

貝塚から人骨が出土する理由については、モースの説とは別の説もある。アイヌの人びとの間には、「送り場」という風習があった。それと類似した考え方が縄文時代にもあったのではないかという考え方である。一見するとムラのごみ捨て場のようにも見える貝塚だが、この世での役割を終えたあらゆるものを集め、あの世に送り、ふたたびこの世にかえってくることを願った神聖な場所であったとする説だ。このように考えれば、貝塚が墓地にもなり、遺体が埋葬されていたということも十分に理解できるだろう。

その証拠に、土器が置かれ、人間や動物の骨が丁寧に集められている祭祀を行なった場が貝塚から検出されることがある。また、石棒や土偶などの呪術具が出土することも多い。貝塚が単なるごみ捨て場であれば、そこに死体を葬ったり、貝や動物の骨をきちんと整理したり、呪術具が出土したりするのは不自然だ。

縄文人はものを大切にし、役割を終えたものに対して特別な思いがあり、その種類に関係なく再生を願っていたのだろう。貝塚は単なるごみ捨て場などではない。役割を終えたもの、寿命がきたものを集めてあの世に送るための神聖なる場所だったのである。

縄文人の衣食住

笛・琴・鈴……にぎやかな楽器と儀式のはじまり

縄文時代にも楽器はあった。現代のように演奏したり、聴いたりして楽しむものもあっただろうが、祭祀や儀式にともなう神聖なものとして使われていたものもあっただろう。

縄文時代の代表的な楽器のひとつとされるものに「石笛」がある。自然に孔があいた石を笛としたもののほかに、人工的に孔をあけられた石笛も発掘されている。

縄文時代の笛には、もうひとつ粘土を焼いてつくった「土笛」と呼ばれるものがある。土笛は吹き口と指孔がひとつずつあるものがほとんどで、演奏時の持ちやすさを考慮したのか、丸っこいデザインが多いのが特徴だ。少々歯切れが悪いのは、本当に笛として使用されたのか、確実な証拠がないためだ。

「土鈴《どれい》」は粘土で型をつくり焚き火で焼いた鈴で、中には直径6ミリ～7ミリの粘土球でつくった鳴子が5個～6個入っている。粘土球がわりにマメを鳴子に利用したものもあった。

青森県や滋賀県、北海道の遺跡からは、先端が尖った木製の細長い板がそれぞれ発掘された。この木製の板は、静岡県の登呂《とろ》遺跡から発掘された弥生時代の原始的な琴と似てい

縄文琴（ヘラ形木製品）
（是川中居遺跡出土）
（是川縄文館蔵）

有孔鍔付土器
（長峰遺跡出土）
（芽野市尖石縄文考古館蔵）

動物型の土笛《つちぶえ》
（上コブケ遺跡出土）
（写真提供：山梨県立考古博物館）

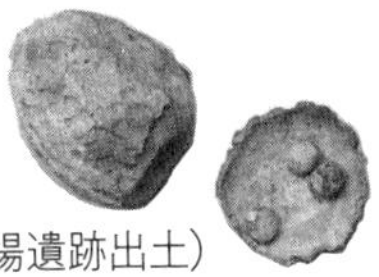

土鈴《どれい》
（酒呑場遺跡出土）
（写真提供：山梨県立考古博物館）

縄文時代のさまざまな楽器。これらのほかに歌も歌われていた。

たことから「縄文琴」と呼ばれ、世界最古の管弦楽器といわれている。

　土器のなかにも、楽器ではないかといわれているものがある。有孔《ゆうこう》鍔《つば》付《つき》土器もそのひとつだ。その形状から口の部分に動物の皮を張って太鼓にしていたのではないかといわれているが、ヤマブドウなど果実を酒にするための醸造容器という説もある。

　この時代の音楽は音を出し、リズムを刻むことがおもだったと思われる。弓やさまざまな木製品も打楽器として転用されることもあっただろう。

　そして忘れてはいけないのが、歌である。人の声はもっともすぐれた「楽器」であったことだろう。歌とリズムを刻む音楽が当時の主流だったことは間違いないだろう。

科学的な方法からわかる食べ物の「地域差」

縄文時代においては、食料となる動物や植物の分布状況によって、食生活に大きな差があったと考えられている。

各地域の縄文人がおもに何を食べていたのかを知るには、遺跡から出土した動物や植物（これを動植物遺存体という）を直接調べる方法だけではなく、縄文人の骨からコラーゲンを抽出し、そこに含まれる炭素・窒素の同位体比と、当時の食料となったもの（たとえばクリ・ドングリ・イノシシ・シカ・サケ・スズキ・ハマグリ・アシカ・オットセイなど）の炭素・窒素同位体比を比較しながら調べていく（58ページ）。この科学的な方法を使えば、ある地方の縄文人がどのようなものをおもに食べていたのか、海の哺乳類なのか、それとも肉食の川魚類なのかといったところまで、くわしい分析が可能になる。

たとえば、沖縄、本州、北海道、それぞれの地域で暮らしていた縄文人の骨から抽出した同位体比の割合をくらべてみたところ、沖縄では、ミネラルと食物繊維がたっぷりで夏バテ予防にもなる海藻や魚介類を多く食べていた。本州の海岸部ではドングリやクリなど

地域によって食べ物が違った縄文時代

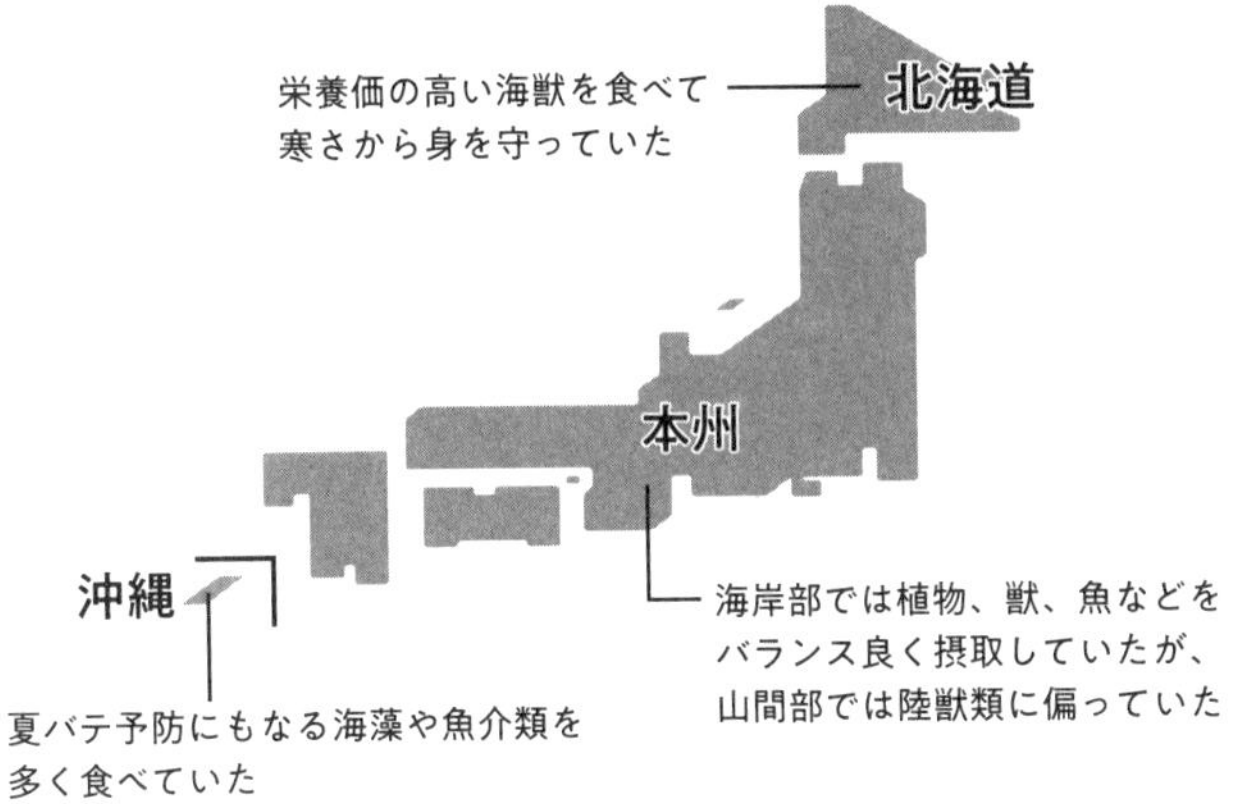
北海道
栄養価の高い海獣を食べて
寒さから身を守っていた
本州
海岸部では植物、獣、魚などを
バランス良く摂取していたが、
山間部では陸獣類に偏っていた
沖縄
夏バテ予防にもなる海藻や魚介類を
多く食べていた

の木の実と山菜などの植物、イノシシやシカなどの獣、海や川で獲れる魚など、それぞれの季節に獲れるものをバランス良く摂取していたが、山間部の人びとはドングリ類とシカ・イノシシなどの陸獣類に大きく偏っていた。

北海道の人びとはアシカやオットセイといった栄養価の高い海獣を食べて、寒さから身を守っていたとみられる。

それぞれの地域で縄文人が食べていたものには、大きな差があった。また、この分析結果からわかるのは、地域差だけでなく、縄文人は生活圏内で獲れるものをなんでも食べていたということと、一方でその利用量は特定のものに偏る傾向があったということだ。

縄文人は、このような二律背反的な食料獲得戦略を採っていたのである。

縄文人の衣食住

「かえし」のついた釣針と回転式離頭銛 機能的だった縄文漁具

縄文時代から海や川での漁が盛んであったことは、各地で発見されている貝塚を見ても明らかだ。

これまで考古学者が数多くの貝塚などの調査を行なってきた結果、縄文人は非常に多くの種類の魚介類を食料としていたことがわかっている。これにともなって多くの漁具が研究対象とされてきた。

とくに東日本の太平洋沿岸部の貝塚からは、組み合わせ式の大型釣針が出土しており、それらを使ってマグロやカジキなどの大型魚の釣漁が行なわれていたことは間違いない。これらの釣針には、かかった魚を逃さないために尖った「かえし」がついており、釣針じたいはシカの角を削り出してつくられていたこともわかっている。

カジキやアザラシ、クジラ類（イルカ含む）など大型の獲物の捕獲には、獲物に打ち込まれると柄《え》が離れ、銛頭《もりがしら》にくくりつけた綱を引くと銛頭が獲物の体内で回転して抜けにくくなる特別な仕組みの銛が使われていた。この銛は「回転銛」、「回転離頭銛《りとうもり》」などと呼ば

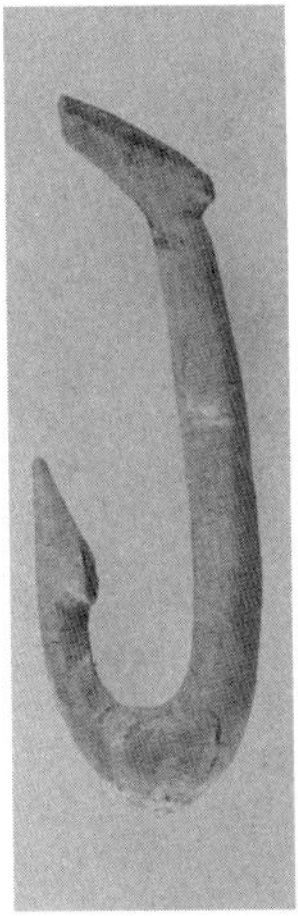

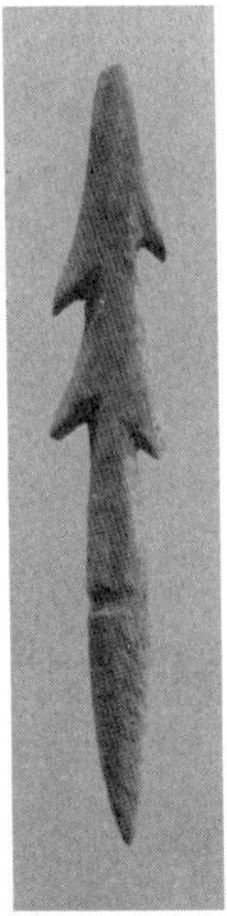

里浜貝塚出土の単式釣針と単純銛頭
(写真提供：東北歴史博物館)

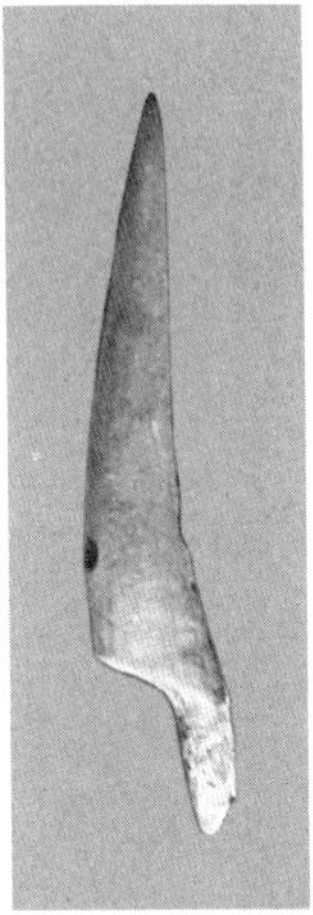

里浜貝塚出土の回転離頭銛
(奥松島縄文村歴史資料館蔵)

れているもので、現代のクジラ漁でも使われている銛のルーツともいわれている。

　川の漁では、大型の網を使用した網漁を行なったり、川中に杭を八の字に打ち込んで魚をワナに誘導して一網打尽にする「エリ」という施設をつくったりしてサケやマスをはじめとする川魚を捕まえていたといわれている。

　縄文人が考案した漁具は、素材こそ現代とは違うものの、獲物を逃がさないための考え方に基づいてつくられた道具や仕掛けだった。これはまさに現代にもつながる漁具のルーツともいえる機能だった。

縄文人の衣食住

おしゃれな縄文アクセサリーは、おしゃれのためだけじゃなかった！

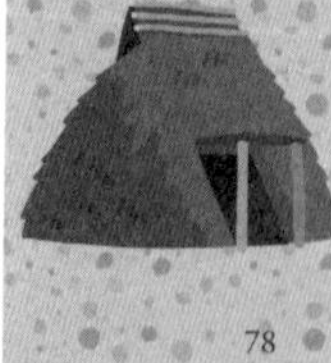

縄文人がおしゃれをしていたことは、たとえば遺跡から発掘された土偶によって知ることができる。土偶のなかには、クシやヘアピンなどの髪飾り、耳飾りなどを着装したものをしばしば見ることができる。また、遺跡からは、耳飾りや腕輪、腰飾りなどの各種アクセサリーも、数多く発掘されている。

これらのアクセサリーがどのように使われていたのか。それを知るためには、墓から出土した縄文時代の人骨が、どのようなアクセサリーを、どこにしていたのかを調べるのが手っ取り早い。

縄文人は日ごろからアクセサリーを身につけ、普段の生活の邪魔にならない範囲内でおしゃれを楽しんでいたようだ。また、ハレの日など、特別な日になると、いつも以上に着飾ったことだろう。アクセサリーのおもな材料には、動物の骨や歯、貝、石、木、木の実、粘土などが用いられていた。なかには、遠隔地からの交易品であるヒスイや琥珀《こはく》、水晶もあった。しかし、希少なものだったために、呪術師や集落のリーダーが威厳を示すのに使

人面を表現した簪《かんざし》

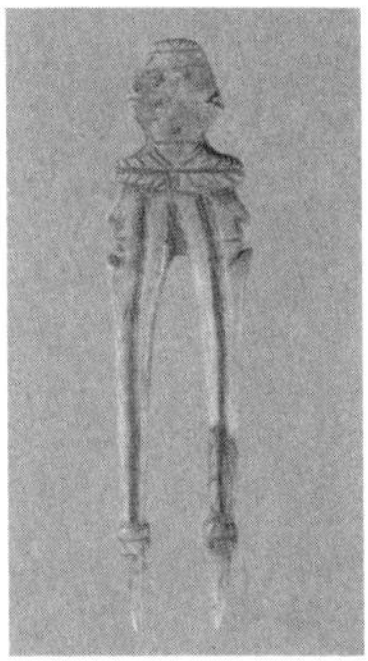

鹿の角製の腰飾り

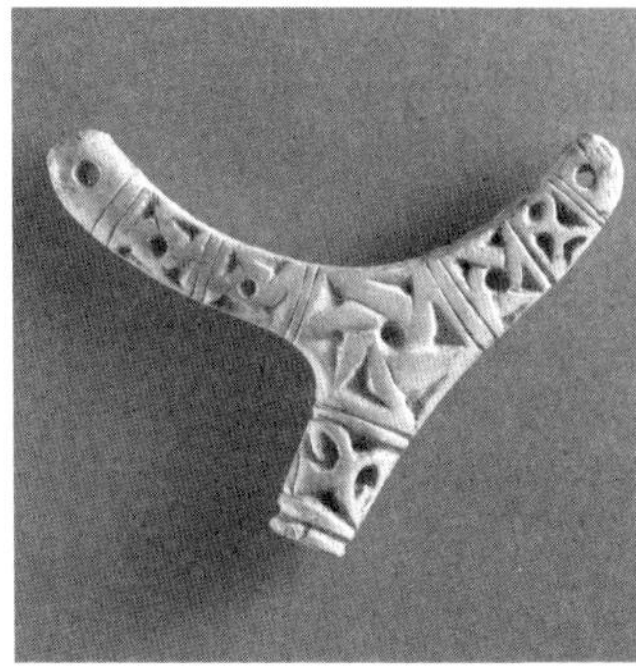

石巻市沼津貝塚出土の簪と東松島市里浜貝塚出土の腰飾り（写真提供：東北歴史博物館）

われることも多かったと思われる。

遺跡から発掘されるアクセサリーでも、とくに目立つのは耳飾りだ。縄文時代の耳飾りには、ビンの栓のようなもの、滑車のようなもの、中国の装身具である玦《けつ》のようなものなどがあり、粘土や魚の背骨、石などが材料として使われていた。

栓状や滑車状の耳飾りは現代のピアスと同様で、耳たぶに孔をあけ、最初は小さいサイズの耳飾りをはめ込み、年齢や通過儀礼にあわせて少しずつサイズの大きなものにつけ変えていったようだ。

これらのアクセサリーはおしゃれや威厳を示す以外にも、既婚、未婚であることを示していたりなど、さまざまな意味があったのではないかと考えられている。

縄文人の衣食住

死者は大切に弔われていた!? 縄文人の死に対する考え方

人が亡くなると墓地に埋葬する習慣は、すでに旧石器時代から存在した。葬送儀礼についてもこの時代に生まれ、そののちに、縄文時代へと引き継がれたらしい。

移動生活だった旧石器時代までは、人が亡くなると岩陰や洞窟に死者を埋葬していただけでなく、台地の上などのオープンサイト（開地遺跡）に墓穴を掘り、埋葬していたことがわかっている。ただし、この時期はまとまった数の墓が1カ所に集中しているという状況ではなかったようだ。しかしながら、縄文時代になって定住生活へと移行すると、縄文人は定住している集落から少し離れた場所に共同墓地をつくり、集落で管理するようになった。ときには、集落の中央広場に墓域を設けたり、大型の石を並べたストーンサークル（環状列石《かんじょうれっせき》／82ページ）の下に、死者を埋葬することもあった。

墓の形態は多様であり、時期や地域によっても違っていた。通常は、地面に穴を掘り遺体を埋める「土坑墓」がほとんどだったが、縄文後期になると北海道では地面に穴を掘ってその周辺に土を巨大なドーナツ状に盛り上げる「周堤墓《しゅうていぼ》」がつくられたりした。

墓地に遺体を埋葬するさい、縄文時代は土葬が普通だった。埋葬の方法はいくつかあって、縄文中期までは腰やひざを曲げて丸まった状態の「屈葬《くっそう》」が多かったが、後期以降には手足を伸ばして仰向けで葬る「伸展葬《しんてんそう》」がみられるようになった。ほかにも遺体を土器に入れる「土器棺墓《どきかんぼ》」や、白骨化した骨を取り出してもう一度埋葬し直す「複葬」（再葬）などがあった。墓には副葬品などはない場合がほとんどであったが、北海道や東北地方の晩期の事例など、装身具をつけて葬られたと思われる事例も多い。

このように死体の埋葬法が多様だったのは、縄文人の死への考え方、死生観が関係していたと思われる。たとえば、埋葬時に体を強く曲げる屈葬については、「赤ん坊が母親のお腹にいた姿勢をとらせることで、死者がふたたび赤ん坊になって生まれ変わることを期待した」という説が古くから唱えられている。

縄文時代の人びとの寿命は、乳児死亡例を抜きに考えた場合でも、およそ50年ほどであり、生まれた子どもの半数がおとなになる前に亡くなっていた。そのため、現代とは違い、死はいま以上に身近なものとされていた。

それゆえに縄文人は、〝死＝終わり〟だとは思っていなかったようだ。人だけではなく、どんなものにも魂が宿っているという思想があり、「死んでも魂が自然に還り、ふたたびよみがえる」と考えていたらしい。

ストーンサークル（環状列石）はなんのためにつくられたのか？

縄文人が残した大型の遺構の一例として、ストーンサークル（環状列石）がある。ストーンサークルとは、文字どおり大型の石を環状に並べたものであり、これまでに大小さまざまなストーンサークルが、北海道から東北で数多く見つかっている。

代表的な事例をあげれば、秋田県鹿角《かづの》市からは、古くから有名なストーンサークルである「大湯環状列石」が発見されている。大湯の環状列石は、野中堂《のなかどう》環状列石と万座《まんざ》環状列石のふたつからなる。北側にある野中堂環状列石は、直径40メートル～42メートルあり、万座環状列石は、直径45メートル～46メートルの規模がある。ほぼ同時期につくられたもので、当初からふたつでワンセットの関係にあったと思われる。

使用された石のなかにはとてもひとりでは持ちきれないようなものもあり、ひとつの集落の人びとだけでなく、周辺の集落を含めた多くの人びとが建設に関わったと思われる。ストーンサークルをつくることじたいが、共同の土木作業であり、このような協業を通じて、集落間の結びつきを強くしたのであろう。

日本最大のストーンサークル

(写真提供：鹿角市教育委員会)

野中堂環状列石の日時計状組石
(秋田県鹿角市)

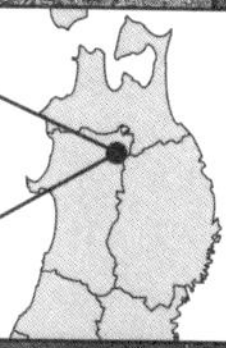

(写真提供：鹿角市教育委員会)

万座環状列石の全景(秋田県鹿角市)

ストーンサークルはカレンダー代わりだった!?

これらのストーンサークルをよく見ると、石がただ環状に並べられているのではなく、ところどころに石が集中して置かれている場所があることがわかる。これは「配石墓《はいせきぼ》」といって、墓の上に石を意図的に並べたものである。したがって、ストーンサークルは配石墓が環状に集まってできたものと考えられている。ストーンサークルは、共同墓地であったのだ。

また、ストーンサークルの周辺には、掘立柱建物跡や土坑群、遺物の廃棄域が配置され、そこから土器などのほか、土偶や石棒などの呪術具が出土することもある。このことから、ストーンサークルは、単なる共同墓地ではなく、そこにおいてさまざまな祭祀が行なわれた大型の祭祀場でもあったことがわかっている。

大湯のストーンサークルの場合、環状に石が置かれた場所が、二重の同心円状になっており、これをそれぞれ内帯《ないたい》と外帯《がいたい》と呼んでいる。同じ共同墓地のなかでも、ストーンサークルの、より中心に近い位置に埋葬された人びとと、外側に埋葬された人びとがいたことになる。そして大型の共同墓地といっても、周辺の集落に居住したであろう人びと全員がそこに埋葬されたと考えるには、規模が小さい。したがって、ストーンサークルに埋葬されなかった人びともいたわけで、研究者のなかには生前の格差や階層差が、埋葬された場所に反映されていると考える者もいる。

野中堂環状列石の内帯と外帯の間には、「日時計状組石」と呼ばれる特殊な形の配石墓が配置されていて、サークル中心部から見て日時計状組石の方角が、夏至の太陽が沈む方角になる。そして、その反対の方角が、冬至の日の出の方角となる。このことから、縄文人は太陽の日の出と日の入りを観測して、ストーンサークルや日時計状組石をカレンダー代わりにしていたのではないかともいわれている。

ストーンサークルのなかには石の下に配石墓がないものも確認されており、すべてのストーンサークルが共同墓地であったのではなさそうだ。しかし、このようなストーンサークルからも呪術具が出土するため、祭祀場であったことには間違いない。ストーンサークルの規模からみて、おそらくはひと家族の祭祀の場ではなく、ひとつの集落、あるいは付近にあるすべての集落全体の祭祀を行なうためにつくられたものであろう。

秋田県の伊勢堂岱《いせどうたい》遺跡からは、このようなストーンサークルが4つもかたまって発見されており、縄文人たちが祭祀を多く行なっていたことがわかる。自然の恵みや災害など気象に左右されることの多かった縄文人の生活は、祈るということによって支えられていたということもできるだろう。

縄文人の衣食住

大森貝塚を見つけたモースが食人風習に言及した〝真の意図〟

1877（明治10）年、アメリカ人動物学者のエドワード・シルベスター・モースは、横浜から新橋へと向かう汽車の窓から偶然、貝殻が積み重なった地層を目にした。政府の許可を得て発掘調査を行なうと、貝層の中から土器や石器、獣や鳥類の骨、人骨などが見つかった。これが日本考古学の夜明け、大森貝塚の発見である。

発掘されたものはいずれも、縄文時代の人びとの暮らしを知る上で貴重な資料ばかりであり、モースがとくに注目したのは人骨だった。モースは報告書に「大森貝塚の人々には食人の風習（カニバリズム）があった」と記載している。はたして、縄文時代にそのようなことが行なわれていたのだろうか。

大森貝塚で見つかった人骨は、大腿骨や上腕骨などの四肢骨が多く、骨の両端部が折れ、バラバラになった状態で見つかった。それを見たモースは「亡くなった人を葬ったのであれば、全身の骨が損傷なくあるはず」と考え、縄文時代に食人風習が行なわれていたと主張した。

モースは、各地において石器時代に関する講演を行ない、この食人風習について言及した。そのために、さまざまな文献によって縄文人には食人の風習があったということが紹介され、その一部は今日に至るまで流布している。

しかし、モースの発掘時点で、貝塚の形成からすでに1000年以上が経過しており、貝層の崩落や後世の樹木の根による撹乱《かくらん》などによって、骨となった遺体がバラバラになることは十分に予想できる。したがって、単に骨が折れている、バラバラであるといった状況証拠のみで「縄文人に食人風習があった」と断言するのは難しい。

一方、モースが食人風習に言及したのは、学術的な意図があったからだという説もある。たとえば当時、石器時代（縄文時代）の人びとは、アイヌであるとする説が有力であった。ところがモース自身は、石器時代の人びとはアイヌよりも年代的に古い人びと（プレ・アイヌ）であると考えており、アイヌには食人風習がないことから、大森貝塚を残した石器時代の人びとには食人風習があったことをもって、石器時代人がプレ・アイヌであった証拠としようとしたのではないかと考えられている。

今日、出土した人骨に刻まれた解体痕跡など、さまざまな検討を経て、縄文時代の人びとの一部には食人の風習があったことが判明している。しかし、それは人を常食としたということでなく、祭祀や葬送儀礼の過程における呪術的なものであったと想定されている。

縄文人の衣食住

縄文人の酒づくりはお祭りのためだった？

世界中の民族誌と比較すると、日本は果実酒づくりを行なう地域に入っておらず、穀物を中心とした酒づくりをしてきたことがわかっている。そのため、「縄文時代には酒がなかった」と考えられてきた。

しかしながら、縄文時代にも果実酒をつくっていたのではないかという説が、いくつか出されている。たとえば、縄文中期の長野県の井戸尻《いどじり》遺跡から発見された大型の有孔鍔付土器（73ページ）の内側から、ヤマブドウの種が見つかった。このことから、縄文時代にもワインづくりが行なわれていたのではないかと考えられたのだ。

有孔鍔付土器の口は水平で、その下には刀の鍔のような形で粘土の出っ張りがついており、そこに小さな孔がある。土器の口を、動物の皮などを蓋《ふた》にして覆い、孔をピンのようなものでとめた密閉容器に、果実を入れて発酵させたと推定されたのだ。

また、縄文人が酒をつくっていた証拠として、しばしば取り上げられるのが、縄文中期の三内丸山遺跡から発掘された多量のニワトコの種子だ。同じ遺跡から、ヤマブドウやサルナシ、キイチゴの種子も発掘されている。ほかの遺跡でも、同様の組み合わせの果実の種子が発掘されていることから、ニワトコの実と果実を発酵させて果実酒（縄文ワイン）がつくられた可能性が指摘されている。

想像されている「縄文ワイン」のつくり方を説明すると、果実をつぶして土器に入れ、糖度を上げるために、ハチミツを入れてよくかき混ぜて蓋をする。発酵がはじまったらかき混ぜて、発酵した汁をこすのが基本的なつくり方だ。果実酒は糖度不足だとアルコール発酵が悪いため、ハチミツのほか、煮つめた果実や干した果実などを入れて糖度を高め、発酵を促進させるのが良いとされる。

縄文時代に果実酒が存在したとしても、その生産量はさして多くはなかったであろう。日常的な飲酒が可能であったとは思えず、もしつくれたとしても、おそらくその用途は祭祀用だろう。

そのため、縄文時代にはお酒は呪術者が祭祀や儀式のときに飲む神聖なものとして使われていたと推測される。縄文ワインはアルコール度数が1％～2％と、低かった。南方系の古《こ》モンゴロイドである縄文人はアセトアルデヒド（アルコールを分解する消化酵素）の分解能力が高いN型遺伝子なので、本来はお酒に強い体質である。しかし、縄文人はお酒を飲みなれていなかったため、最初は弱かっただろうと考えられている。

縄文人の衣食住

縄文時代につくられた竪穴住居は、平安時代まで使われていた!?

縄文時代になると、それまでの移動生活から定住生活へと移行した。縄文時代の前半期には、洞窟や岩陰を利用して住居とすることもあったが、多くの遺跡はひらけた場所にあり、地域によっては草創期の段階から定住的な集落をつくり、竪穴住居に暮らすようになったといわれている。

竪穴住居はいわば縄文時代のワンルーム住宅で、畳5畳〜12畳。人ひとりが生活するのに約畳2畳分（約3・3平方メートル）必要だとすると、2人〜5人の家族が暮らしていたと考えられる。おそらくは、竪穴住居1棟に核家族が住み、周辺の2棟〜3棟でひとつの家族集団をなしていたのではないか。

竪穴住居は円形や隅丸方形のものが多く、円形の場合、直径が5メートル〜6メートル、床は地面を数十センチから1メートルほど掘り下げていた。北海道など寒い地域では2メートル以上掘り下げたものも発見されている。住居の中心には炉があり、おそらく屋根には煙出しがつけられていただろう。なかには、ロフト構造になっていたものもあったかもしれない。

ほかに、住居内に食料の貯蔵穴が設けられているものもあった。屋根にはおもに茅葺、樹皮葺きを使用しており、なかにはさらに土を載せて土屋根としていたものもあった。土屋根は断熱効果が高く、冬は暖かいのが特徴だ。このような住居の柱や屋根をメンテナンスしながら住み、おそらくは数年から数十年ごとに建て替えていたのではないか。

縄文時代の中期末になると、竪穴住居の構造に変化が訪れた。関東から中部地方にかけての地域では、床の一部ないし全面に平石《ひらいし》が敷いてある住居がみられるようになる。これを「敷石住居」と呼ぶ。なかには、出入り口が出っ張っていて、柄鏡《えかがみ》のような形状をしているものもあり、これは「柄鏡形住居《えかがみがたじゅうきょ》」と呼ばれている。入り口付近には「埋甕《うめがめ》」と呼ばれる土器が埋められていることも多く、子どもの遺体を納めた、あるいは出産後の後産（胎盤）を埋めたともいわれている。また、千葉県千葉市の大膳野南《たいぜんのみなみ》貝塚で見つかった竪穴住居では、焼いて粉末にした貝殻と水、土を混ぜた漆喰で床面が覆われていた。ただし、この場合は住居を廃棄するさいの祭祀に使われた可能性があるとされている。

竪穴住居は縄文時代以降、長期にわたって使われていた。関東や中部地方では平安時代にも庶民の住居として使われていたことが遺跡の調査例からわかっているが、時期が経つにつれ、しだいに少なくなっていった。

しかしながら、竪穴住居は江戸時代にも使用されることがあったようだ。島原の乱の舞台となった長崎県島原市原城《はらじょう》の石垣前の広場から、竪穴住居跡が見つかった。原城に籠もった一揆軍の小屋として使用されたらしい。少ない材料と日数で建てられる竪穴住居は、簡易的な住まいとしての需要があったのではないかと思われる。

100坪の広さがある大型竪穴住居

竪穴住居は、一般的の大きさのもののほかに、長軸《ちょうじく》（ほぼ中心を通るもっとも長い直線）の長さが10メートル以上の大型住居も建てられていた。この大型住居は長方形もしくは長楕円形で、なかには100坪の広さのものもあった。山形県米沢市の一ノ坂《いちのさか》遺跡で見つかった大型竪穴住居跡は、幅4メートル・長さ44メートルで、日本最長を誇っている。

なぜこのように大きな住居が建設されたのか、正確なところは不明だが、豪雪地帯に数多く建っていたため、冬場の保存食の準備のための共同作業場に使用したと考える研究者もいる。ただ、近年の調査成果から、雪があまり降らない関東にも大型竪穴住居が建っていたことも明らかとなっている。使用目的については、共同住居や集会場、多人数の宿泊施設、祭りや儀式を執り行なう場所などの意見があるが、いまでいうところの多目的ホールとしての役割を担っていたと思われる。

三内丸山遺跡の大型竪穴住居。（青森県教育庁文化財保護課所蔵）
長軸の長さが 10 メートル以上の竪穴住居を大型竪穴住居と呼ぶが、三内丸山遺跡では長さ約 32 メートル、幅約 10 メートルの大型竪穴住居が見つかっている。

縄文人の衣食住

持続可能社会のお手本だった？ 縄文人の自然と共存する暮らし

自然と共存するしか生きるすべがなかった縄文人は、自然との付き合い方が非常にうまかった。

佐賀県の東名《ひがしみょう》遺跡からは、約8000年前につくられた編みかごが、大小あわせて731点も発見された。小型から大型までサイズはさまざまであり、口が狭いもの、広いものなど形のバリエーションは豊富だった。大きさや用途によって、材料として使用する植物の種類を変えるという工夫もされていた。

発掘された編みかごのなかには、高さ約90センチ、幅約50センチ、口が巾着のように絞れる形の大型の編みかごがあり、体下部は網代《あじろ》編み、帯部はもじり編み、体上部はござ目編みという、3通りの技法が使い分けられていた。

また、貯蔵穴から発見された編みかごは、ドングリを水漬けにして蓄えるために使われ、編みかごじたいは、そのほかに植物採集時の入れものや、住居内における保管用にも使われていた。

腰につけてクルミを入れていた「縄文ポシェット」（青森県教育庁文化財保護課所蔵）

東名遺跡から出土した編みかごの復元品（写真提供：佐賀市教育委員会）

自然と寄り添った縄文時代のライフスタイル

地球上の命は、自然界にある生態系によって成り立っている。太陽エネルギーを取り込んだ植物群系を起点に、植物を動物が食べ、その動物が死ぬと菌類が分解して養分となり、それを植物が取り入れる。この順番で循環することを、それぞれの生き物たちが担当している。しかし、縄文時代晩期末に大陸から伝わったとされる農耕社会への参入がはじまりとなり、人類による自然支配が加速した。

近代技術の成功と石油エネルギー資源は大きな進化をもたらしたが、それと同時に大きな副作用も引き起こした。それが、二酸化炭素の増加である。

縄文人が長きにわたり自然と共存できたのは、人口が極端に少なかったことに加え、環境の変化に対応して柔軟にライフスタイルを変化させ、自然に寄り添いながらバランス良く生活していたからである。縄文人は集落の周辺の森を切り払い、そうしてできた空き地に食料・木材となるクリや、編みかごの材料となるアズマネザサ、塗料や接着剤となるウルシなど、自分たちにとって有用な樹を植えて育成していた。ある意味では自然破壊もしたが、二次的な自然を育成もしていたのだ。

自然を自分たちに都合良く活かすすべを縄文人は身につけていたのである。

持続可能な縄文時代の社会

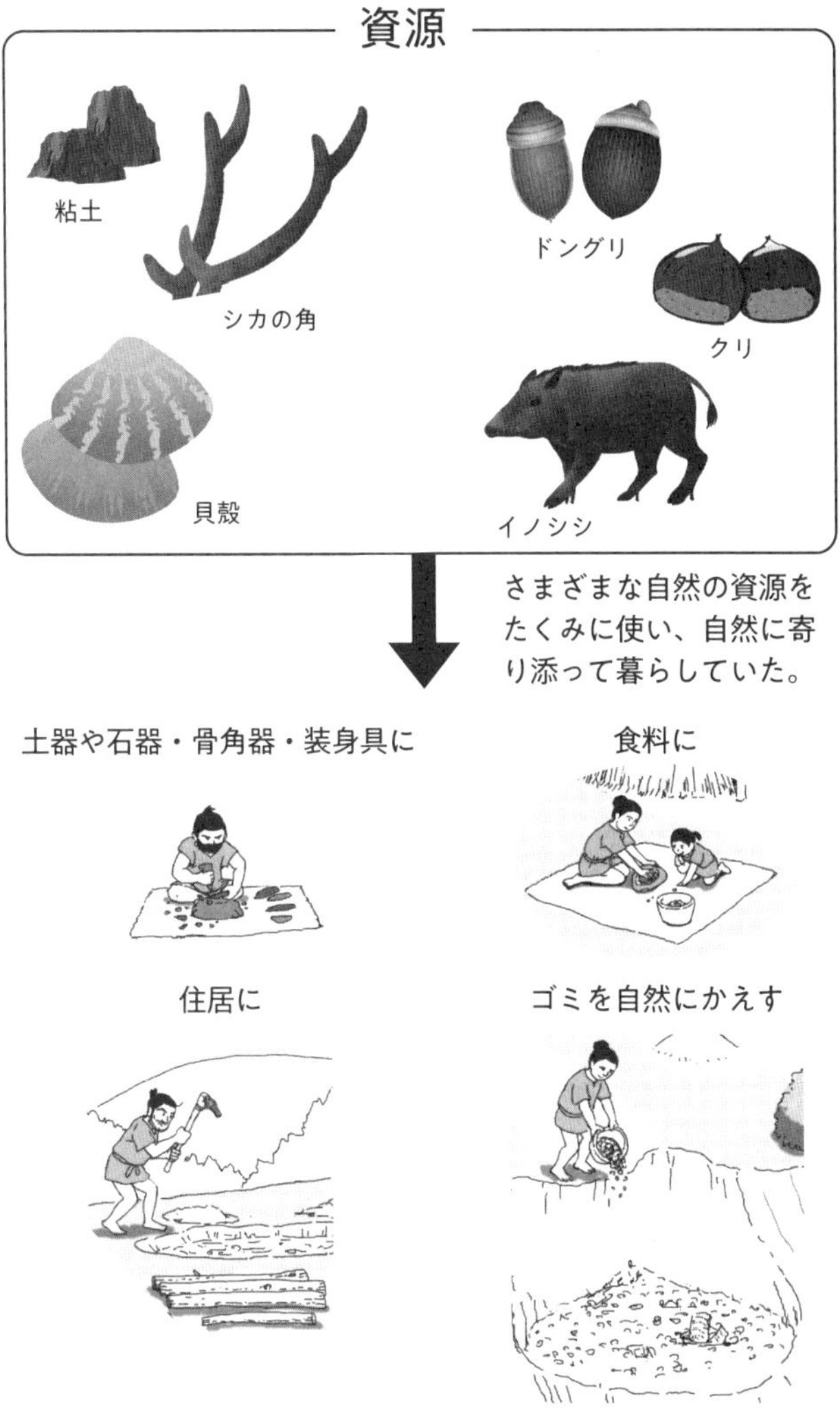

縄文
コラム

薬草とお守り頼りの縄文人のケガ対策

遺跡から発見される縄文人の骨には、骨折の痕跡があるものが多い。とくに手首を骨折したあとのある人骨がかなり発見されており、転んだ拍子に手をついて折ってしまったものと考えられている。

転倒のほかにも、崖から落ちたり、仲間どうしの争いだったり、骨折の原因はいろいろとあったようだ。この時代、骨折したときの正しい処置方法は知られていなかったし、整形外科もない。そのため、発見された人骨のなかには、大腿骨の骨折を放置したことで、そのままの状態で骨がくっついてしまったものも見つかっている。

もっとも、骨折したあとも長生きしたことがわかっているケースも多い。縄文人もなんらかの応急処置はしたのだろう。縄文人は植物に関して高度な知識をもっていたと考えられているので、骨折したときには薬草を患部に塗ったり、煎じて飲んだりしたと考えられている。

また、岩手県の宮野貝塚からは、首の骨に障害をもっている女性の人骨が発見されているが、この女性はイノシシの牙でできた首飾りをしていた。痛みを和らげたり、障害が治ったりすることを願ったお守りにしていたのだろう。そのほかにも、子どもがケガや病気をしないように小さな石のお守りを身につける習慣も縄文時代にはあったようだ。

パート3

どこで何が起こっていた？
縄文ニッポンの風土と出来事

風土と出来事

すべてを押し流した縄文時代の津波の痕跡

2011（平成23）年3月11日に起こった東北地方太平洋沖地震（東日本大震災）では、津波が東北太平洋側に甚大な被害をもたらした。しかし、三陸海岸にあった縄文時代の貴重な貝塚・遺跡の多くは、被害をまぬがれた。その理由は貝塚の残された立地にあった。

三陸地方沿岸は、縄文貝塚の宝庫とも呼ばれ、300近い数の貝塚・遺跡があることで知られていた。そして、そのほとんどが津波の到達しない、海岸から離れた高台にあったのである。高台における貝塚の存在は、縄文人がそこでムラをつくり生活していたことを意味している。では、なぜ縄文人は、わざわざ漁労に便利な海岸から離れ、高台に居住していたのだろうか？

東北地方太平洋岸が、昔から何度も津波に襲われていることは、つとに知られている。だから、縄文人たちも津波を恐れ、襲来を予測して高台にムラをつくり居住した、という説もある。一方で、ムラが高台にある理由を、山と海での採集生活を両立させる効率の良い中間地点であるから、とする説もある。海にも山にも適度に離れていたからこそ、ムラ

が津波にも山崩れにも遭遇することがなかったと考えるわけだ。いずれにせよ、縄文人は高台（台地上）に住んでいたため、津波の大きな被害にはあわなかっただろうということは、容易に想像できるだろう。

日本三景のひとつに数えられている宮城県松島湾の宮戸島にある里浜貝塚には、縄文時代に起こった津波の痕跡がある。貝塚の地層中に、津波が運んだ砂礫《されき》が帯状に確認できる。これらの津波の痕跡は、約4600年前と約3500年前のものである。

さらに、近くにある室浜《むろはま》貝塚からは、約3500年の津波により死亡したとみられる、9体の人骨が見つかった。本当に津波の犠牲となった縄文人であれば初の事例だが、かねてから墓地であった可能性もあり、疑問点も残されている。

弥生時代になり、水田稲作が広く行なわれるようになると、人びとは台地から降りて、低地にムラを構えるようになった。これによって、当時の人びとは災害、とくに水害に巻き込まれるようになったとされる。たとえば、宮城県仙台市の沓形《くつかた》遺跡は内陸部にあるが、約2000年前に津波に襲われて水田やムラが破壊され、以降400年余り人間が住まなかったことが調査によりわかった。

稲作は生活を安定させ、人口増加をもたらしたが、縄文時代より津波の被害を増加させた。利便性が災害に遭遇する危険性を高めたのは皮肉としかいいようがない。

風土と出来事

現代人にも残っている？縄文人の痕跡

縄文人を語るときに、よく比較されるのが、アイヌの人びとである。顔の彫りが深く、鼻が高く、エラが張っており、巻き髪であるといった外見は、縄文人と類似するといわれ、しばしば縄文人の顔を復元するときの参考とされてきた。

それでは、アイヌの人びとは縄文人直系の子孫なのであろうか？　骨格的には似ている部分も多いが、最近のＤＮＡ解析では、アイヌの人びとは縄文人とオホーツク人、そして本土人（本州・四国・九州の人びと）との混血であるとされている。オホーツク人とは、サハリンの北方を故郷として日本列島域に渡来し、3世紀から12世紀にかけて北海道のオホーツク海沿岸に定住した人びとである。7世紀以降、アイヌの人びとと対立し、やがて北方に移動したようだが、この間にオホーツク人がアイヌの人びとと混血したらしい。

アイヌの人びとは縄文文化を基盤とし、本土の文化やオホーツク海を越えてやってきた大陸の文化を吸収し、独自のアイヌ文化をつくり出した。そのために、遺伝的な要素は大きいものの、純粋な縄文人の末裔にあたる人びとというわけでもないと思われる。

また、一口にアイヌの人びとといっても、さまざまな地域性や文化的な違いなどがあり、すべてを同一視し、一括して考えることにも問題がある。アイヌ文化ならば、なんでもかんでも縄文につながると考えてはいけないのだ。

一方、現在の沖縄諸島に住んでいる人びとのゲノム（遺伝情報のすべて）は、本土人のものとは明確に違っていることがわかっている。さらに、縄文時代併行期の人骨から採取できたミトコンドリアＤＮＡは、本土側の縄文人と同じタイプのものであることもわかった。縄文時代には本土側と沖縄諸島の間で、交流があったのだろう。そして、次の弥生時代併行期には、現代の沖縄諸島の人びとのなかで多数を占めるハプロタイプ（ミトコンドリアＤＮＡの分類型）が出そろうこともわかっている。したがって、沖縄諸島の人びとは比較的古い形質を残していると推定でき、本土人よりも縄文人に近い形質をもった人びとと考えられている。しかし、沖縄では縄文時代以降の人骨の出土例が少なく、そのあたりの人の歴史が十分に解明できているとは言い難い。今後の調査に期待がかかる。

なお、最近では、まだ数は少ないものの、縄文人のゲノム情報が直接分析できるようになり、現代人と縄文人がどのような関係にあるのか、研究が進んできている。それによると、現代人のゲノムのうち、12％ほどは縄文人から受け継いだものだということもわかってきた。縄文人は、私たちの直接の先祖のひとつと考えて良いことになる。

風土と出来事

なぜか北海道で出土したイノシシ形土製品

日本最北端の離島である北海道・礼文島に、船泊遺跡という縄文時代後期の遺跡がある。1998（平成10）年には縄文時代の人骨が出土し、DNAの解析に成功した（24ページ）。解析によると人骨は40代の女性のもので、血液型はA型、目の虹彩《こうさい》が茶色、巻き髪であることまでわかった。それらの情報と頭蓋をもとにして、縄文人の顔の復元に成功したのだ。その姿は、現代に生活している〝普通のおばさん〟と紹介されてもおかしくないものであった。

船泊遺跡では、ほかにも発見があった。貝を加工してつくった装飾品「貝玉」が多数、副葬品（装身具）として墓から出土したのだ。貝玉は、ブレスレットやネックレス、アンクレットとして用いられていたとみられる。

副葬品として多量の貝玉を埋納することができたのは、貝玉のおもな材料が北海道から東北地方にかけて採取されるビノスガイであり、船泊遺跡が貝玉の生産遺跡でもあったからだ。

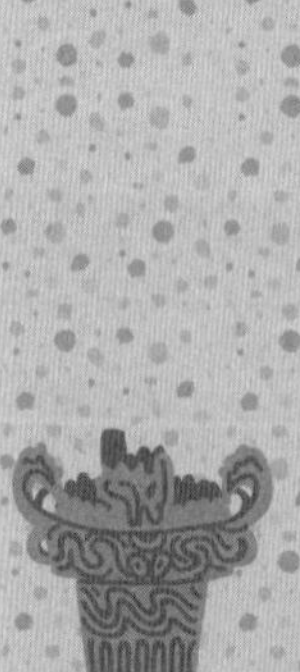

遺跡からは、1万点におよぶ貝玉加工用のメノウ製の石錐（キリ、ドリル）が出土しており、組織的に大量生産がなされていたと推測できる。船泊遺跡は、日本最北端にある貝玉づくりのムラであった。

船泊遺跡からは、ほかにも装飾品が見つかっている。なかには、新潟県糸魚川産のヒスイや南海産のイモガイでつくられたペンダント、シベリアでつくられたものと同じタイプの貝玉のアクセサリーがあった。これらのことから、船泊遺跡の縄文人は、海を越えた遠隔地と幅広く交易していたということがわかる。

また函館市の日ノ浜遺跡では、イノシシの幼獣（ウリ坊）をかたどった縄文時代晩期の動物形土製品が出土している。ところが北海道には、当時から現在までイノシシが生息していない。一方、北海道各地の遺跡からは、食用とされたイノシシの骨が出土している。当時の丸木舟では、成獣を運搬することが困難だったので、縄文人はウリ坊を本州から持ち込み、飼育したと考えられるのだ（56ページ）。

考古学者の瀬川拓郎氏は、北海道の縄文人がわざわざイノシシを持ち込んだのは食用のためのみでなく、イノシシを神格化し、飼育したものを殺して神の世界に届ける祭祀を行なうためと推測し、これがのちのクマ祭り（イオマンテ）の雛形となったと考えている。北海道では、ウリ坊がさまざまな意味で重要な交易品であったことがわかる。

風土と出来事

現在とほぼ変わらない！縄文時代の日本列島

火山活動や地殻変動などによって、地形が変化することは知られている。近年でも東京都・小笠原諸島で海底火山が噴火し、新たに西之島が生まれた。古代の日本列島は、現在とは異なった姿をしていたのだ。

３０００万年前、日本列島はユーラシア大陸と一体化していた。やがて１９００万年〜１５００万年前に地球の表面を覆う岩盤であるプレートの移動によって、のちに日本列島となる陸地が大陸から分裂していく。その過程で生まれたのが日本海である。

分離した陸地は、東西で別々のプレートに乗っていた。やがて、それぞれに違う方向に力が加わったために、まっすぐだった島は弓形に折れ曲がってしまった。曲がった痕跡が、現在、東日本と西日本とを分ける亀裂であるフォッサマグナ（中央地溝帯）なのだ。

フォッサマグナとは、日本海に面する新潟県糸魚川市〜柏崎市あたりから、太平洋に面する静岡県静岡市〜千葉県千葉市あたりまで伸びている幅広い帯状の地質学的な溝である。ほかの地域の岩石はおよそ3億年年〜1億前のものであるが、フォッサマグナを構成する

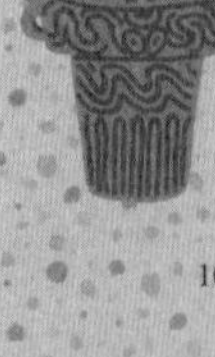

岩石は、2000万年よりも新しい。

1200万年前になると、九州と朝鮮半島と地続きとなり、多くの動物が大陸から渡ってくるようになった。

400万年〜320万年前には、琵琶湖の原型となった大山田湖が、現在の三重県伊賀市付近に生まれた。以来、地殻変動などで生滅をくり返し、現在の琵琶湖の形になった。琵琶湖の湖底には100以上もの縄文遺跡が存在し、当時は湖底でなかったと考えられている。

200万年前はまだ各地で盛んに火山が噴火しており、溶岩や火山灰を日本列島に堆積させ、カルデラも形成されていった。さらに温暖だった気候が徐々に寒くなっていく。

だんだんと形づくられた現代日本の風景

80万年前から15万年前にかけては、氷期と比較的温暖な間氷期がくり返し訪れて海面が上下し、波と堆積物で、崖と平地が連なった段丘をつくった。

15万年〜1万年前、日本列島が隆起し、現在の山や川、盆地、平野が形成される。日本のシンボル富士山ができたのもこの時代だ。

10万年前に富士山の原型というべき火山が活動をはじめ、「古富士」と呼ばれる山体となった。1万7000年前からは、爆発的に噴火した古富士とは異なり、ダラダラと流れるマグマを噴出しはじめ、現代と同じような形の「新富士」を形づくったのだ。

縄文時代は火山活動がとくに活発で、新富士はじつに100回以上噴火したという。富士山麓にある縄文時代中期末の上中丸《かみなかまる》遺跡では、2回も噴火に見舞われながらも人が定住し続けた痕跡がある。

この間に、気候面でも変化があった。日本列島は4つの小さな氷期と間氷期をくり返したのだ。氷期には海面が現代より100メートル以上低くなり、宗谷《そうや》海峡や東京湾、瀬戸内海など浅い海は陸地となった。大陸と地続きとなったオホーツク海をマンモスが通り、中国からはナウマンゾウやオオツノジカが対馬《つしま》海峡を通って日本列島へと渡ってきた。動物たちを追って、人間が日本列島にきたのは4万年前といわれている。

そして約1万1000年前の縄文時代早期、海面の上昇により、本州と四国・九州、北海道とサハリンは分離し、現在のような4つの大きな島と小さな島々の形状となっていたのだ。

ほぼ現代のような日本列島になったのは、縄文時代だった。とはいえ、縄文時代にも温暖化による海面の上昇、縄文海進での海岸線の変化はあった。

縄文時代に現在の形になった日本列島

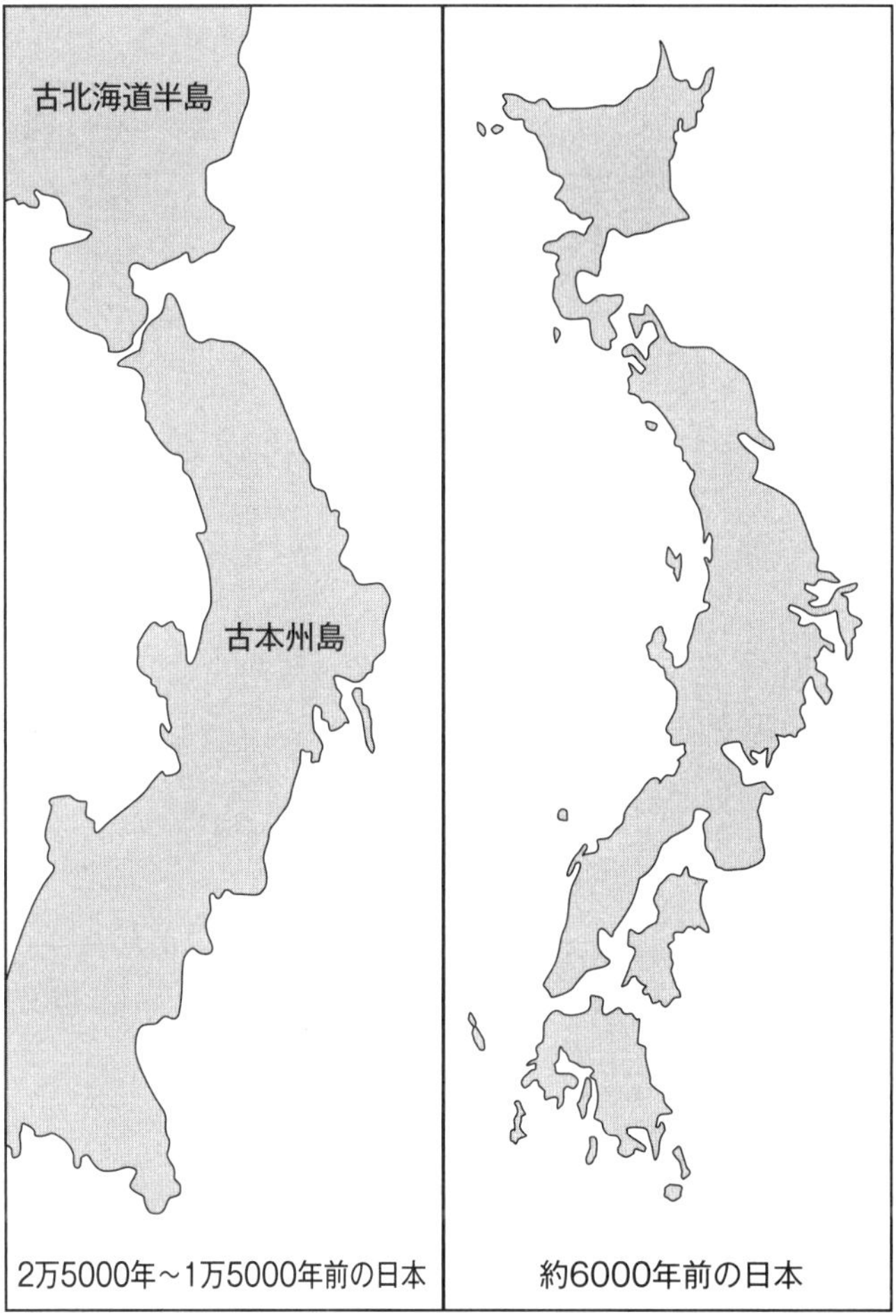

2万5000年～1万5000年前の日本と、約6000年前の日本。温暖化による縄文海進での海岸線の変化はあったが、縄文時代に現在の日本列島の形になった。

風土と出来事

地域ごとの特色がわかる全国縄文遺跡マップ

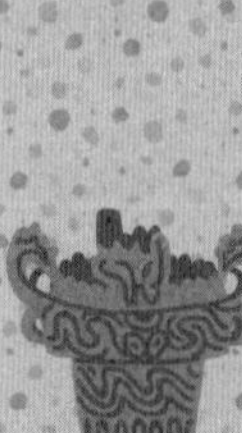

北海道から沖縄県まで、日本全国に遺跡は存在している。2012（平成24）年に文化庁が行なった調査によると、全国にある縄文時代の集落跡や散布地数は9万531カ所で、そのほかに貝塚が2410カ所確認されている。

縄文遺跡の数は、西日本よりも東日本のほうが数多く見つかっている。東日本には、木の実の採れる木（落葉広葉樹）がたくさん生えていた。とくに、海や山からの自然の恵みに頼って暮らしていた縄文人にとっては、食料が手に入りやすいかどうかはとても重要なことだったと思われる。

また、縄文人が好んで住んだ台地は、東日本のほうに多く見られる地形である。これらの要因によって、東日本には縄文人が数多く居住していたのだ。

縄文時代は、草創期、早期、前期、中期、後期、晩期という6つの時期に分けられている（16ページ）。教科書では、「縄文文化」とひとつにまとめられているが、縄文人の暮らしは時期や地域によって異なっている。とくに遺跡が多く発掘されている地域は、8つほどを挙げることができ、そこから縄文人の暮らしの違いを知ることができる。

縄文時代の8つの地域

遺跡が多い地域の最北端は、北海道の函館、石狩低地、噴火湾沿岸を結ぶ地域だ。この地域では、後期以降、トドやアザラシなどの海獣類を主要な食料としていたらしい。また、後期にはドーナツ状に土を大きく盛った周堤墓という特殊な墓をつくった。

岩手県を中心とした三陸海岸一帯は「貝塚の宝庫」と呼ばれ、貝塚の数が多い地域だ。漁労が盛んであり、回転式離頭銛など特殊な漁具を発達させた。この一帯の貝塚からは、多量の貝殻や獣骨のほか、マグロやカジキなどの外洋性の魚の骨など、多くの遺物が出土している。

東京、千葉、神奈川からなる東京湾沿岸部も、そのひとつだ。この地域には、869カ所もの貝塚があり、台地上には環状集落も数多くあった。集落をともなう貝塚として世界最大規模を誇る千葉県の加曽利《かそり》貝塚は、遺構や遺物の保存状態が良く、国の特別史跡にも指定されている。

山梨県と長野県を中心とする中部高地は、中期の遺跡が多く、芸術的な土器や土偶が出土している地域だ。また、土偶や石棒の出土数も多く、これらの呪術具を使った祭りが頻繁に行なわれていたとみられる。

大規模な貝塚がいくつもある愛知県の三河湾沿岸は、遺跡から人骨が数多く見つかる地域として有名だ。350体以上の人骨が出土したことで注目された吉胡貝塚は、後期から晩期にかけての遺跡だ。ほかには伊川津貝塚や保美《ほび》貝塚など、人骨を数多く出した遺跡がみられる。

瀬戸内海沿岸地域は古くから交通路とされてきたところであり、中小の貝塚が数多く点在する地域でもある。170体の人骨が出土して注目された津雲《つくも》貝塚は、縄文後期から晩期にかけての貝塚で、土器以外にも土偶や貝輪などが出土している。

土掘り具とされる打製石斧《せきふ》や土偶などが多いのが、阿蘇山周辺の特徴だ。この地域は、かつて縄文時代に焼畑農耕があったところではないかといわれ、縄文後晩期農耕論が戦わされた舞台でもある。

特徴的な土器や石器などをつくり、ユニークな文化を形成していたのが早期の九州南部である。しかしながら、火山の大規模噴火により遺跡が埋没するなど。大きな被害を受けてしまった。そのなかでも、上野原遺跡からは数多くの竪穴住居が検出され、特殊な壷形土器や土偶、耳飾りなど、15万点以上の出土品が発見されている。

各地の代表的な縄文遺跡マップ

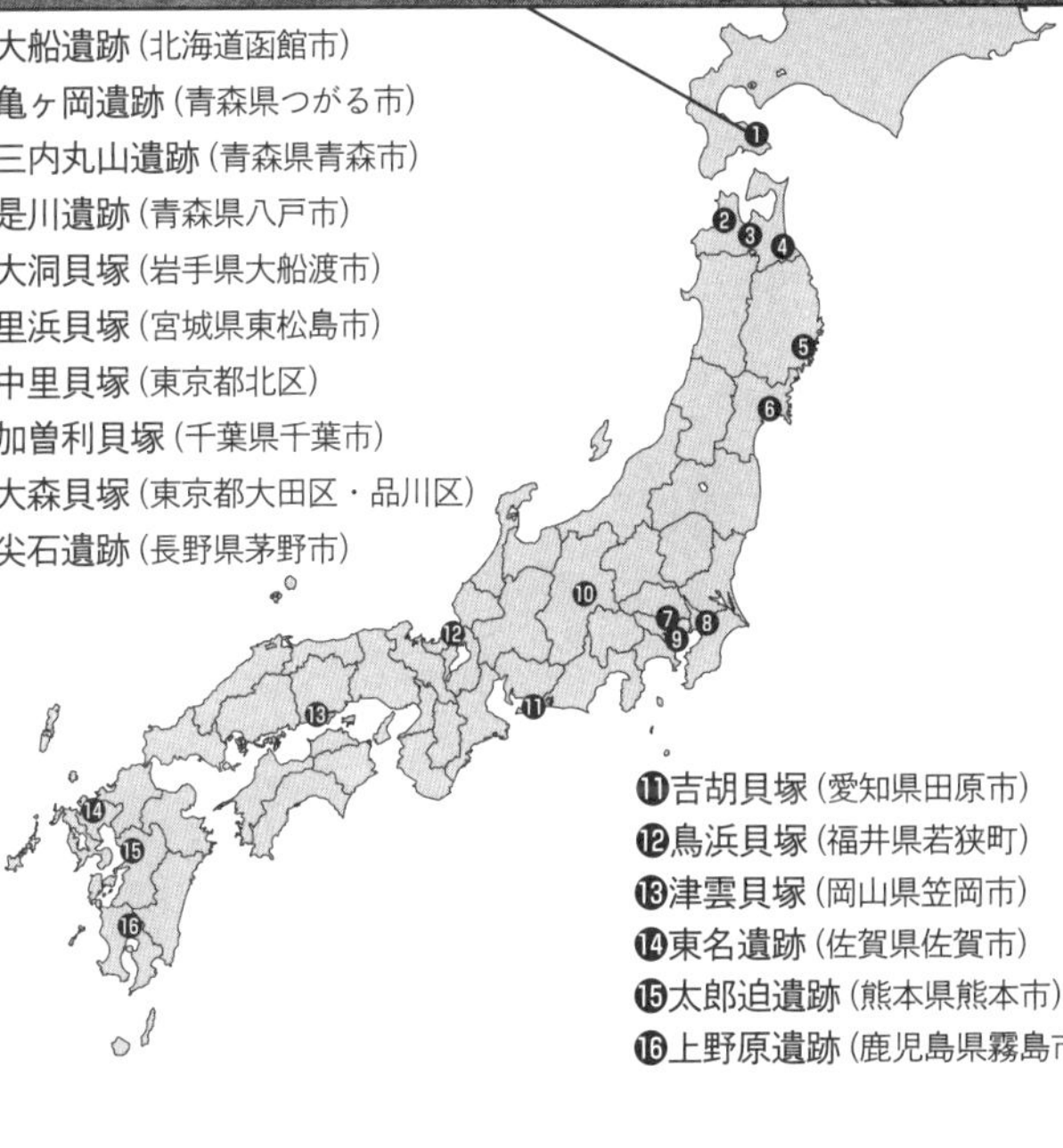

❶大船遺跡（北海道函館市）
❷亀ヶ岡遺跡（青森県つがる市）
❸三内丸山遺跡（青森県青森市）
❹是川遺跡（青森県八戸市）
❺大洞貝塚（岩手県大船渡市）
❻里浜貝塚（宮城県東松島市）
❼中里貝塚（東京都北区）
❽加曽利貝塚（千葉県千葉市）
❾大森貝塚（東京都大田区・品川区）
❿尖石遺跡（長野県茅野市）

⓫吉胡貝塚（愛知県田原市）
⓬鳥浜貝塚（福井県若狭町）
⓭津雲貝塚（岡山県笠岡市）
⓮東名遺跡（佐賀県佐賀市）
⓯太郎迫遺跡（熊本県熊本市）
⓰上野原遺跡（鹿児島県霧島市）

風土と出来事

集落の遺跡からわかる人口密度と建物の工夫

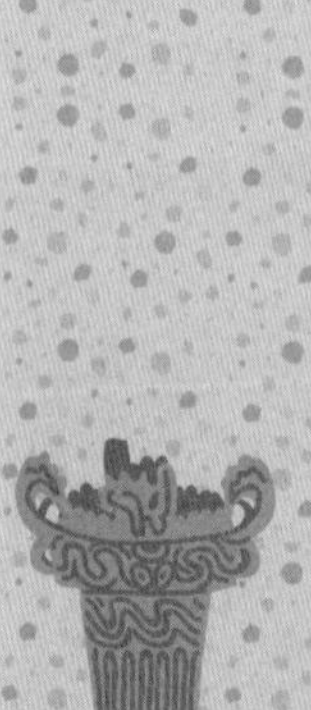

青森県の三内丸山遺跡は、日本最大級の縄文集落である。縄文時代の前期中ごろから中期の終わりにかけて、１５００年間もの長きにわたって続いた大集落であった。

三内丸山遺跡は広さ約42ヘクタールの巨大な集落で、約５８０棟の竪穴住居があったといわれている。しかし、５８０棟もの住居が１５００年間にわたって存在したわけではなかった。あくまでも長期間の累積の結果、５８０棟もの住居が残されたということである。仮に、ひとつの竪穴住居がつくられてから、古くなり住めなくなるまでおよそ20年間とすれば、計算上およそ８棟の住居が同時に存在したことになる。

さらに、ひとつの住居に５人が居住できたとするならば、一時期の集落の人口数は平均40人程度ということになる。ただし、長い期間のうちには住居数がもっと多く、人口が多いときもあれば、逆に少ないときもあったはずだ。

縄文時代において最も人口数が多かったのは、遺跡数から見て、中期であった。試算によると、中期の人口数は日本全国で26万人ほどとのことである。日本の面積がおよそ

37万8000キロ平方メートルであることから、単純計算で当時の人口密度は1平方キロメートルあたり、1・45人となる。これは、世界各地の狩猟採集民における人口密度（多くの場合1人以下）より、やや高い数字だ。

また、人口には地域差があったことがわかっており、遺跡数の多い東日本では、相当人口密度は高かったと思われる。人口密度が高ければ、それに応じて社会も複雑化したことだろう。

竪穴住居には暮らしやすい工夫が詰まっていた

竪穴住居の形状は年代や地域によって異なるが、おおむね広さは6畳～8畳ほどで、中央に炉があり、そこでさまざまな煮炊きが行なわれていたと思われる。また、炉は暖房器具としての役割もあったため、夏などの暑い季節は、掘立小屋のような平地式の住居に住んでいた可能性もある。

シンプルなつくりの竪穴住居は簡単に建てられそうに見えるが、じつはかなりの重労働のため、ひとりで建てるのは困難だ。そこで、集落の仲間に手伝ってもらい、協力して作業したと考えられる。

まずは建てる場所を決め、竪穴掘りを行なう。竪穴は深さ50センチ～80センチが平均で、床の形は、円形や楕円形、長方形のいずれかとなる。床ができたら、深さ1メートルほどの柱穴を掘る。柱には、耐久性と耐水性が高いクリの木がよく使われていた。柱は先端が二股の支え柱で、柱の下部は防腐と害虫予防のために火であぶられていたことだろう。

柱を立てたら二股の上に梁《はり》を乗せて、柱と梁を結ぶ。

なお、縄文時代の後半期には、ほぞ穴、貫穴《ぬきあな》をもつ柱材も確認されており、現在の家づくりと同じように軸組の工法が取り入れられていたこともわかっている。

その後、柱に垂れ木を放射線状に立てかけて、上部を結ぶ。垂れ木と柱は、しっかりと固定する。屋根の骨組みができたら横木を柱の上に組み、その上に樹皮を並べて、屋根全体を覆う。

仕上げに、茅を下から葺いて屋根を覆っていく。暑い地域ならこれで完成だが、寒い地域の場合はその上から土をかぶせると寒さ対策になる。

文章にすると簡単に思われるかもしれないが、縄文時代の土を掘る道具は、打製石斧を刃先につけた掘り棒程度しかないし、木は磨製石斧で切り倒すしかないので、大変な労力と時間がかかったはずだ。

集落では集団で行動することが多く、さらには食べ物や燃料なども共有されていた。住民どうしが助けあい、関わって暮らすことで、集落の秩序は保たれていたのだ。

三内丸山遺跡全景。（青森県教育庁文化財課所蔵）
1500 年にわたって繁栄した大型集落跡で、遺跡の広さは全体で約 42 ヘクタール（東京ドーム約 9 個分）ほどある。

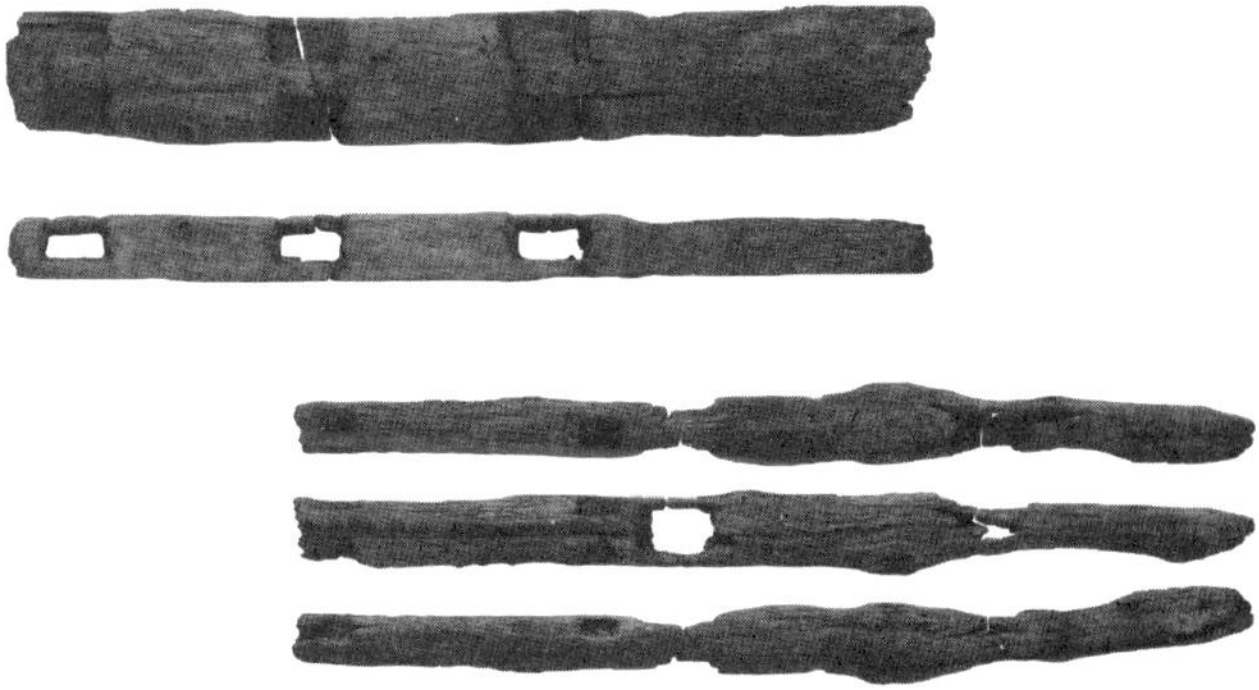

桜町遺跡から出土した貫穴のある柱材（写真提供：小矢部市教育委員会）

風土と出来事

北は北海道から南は九州まで、縄文文化の範囲

縄文文化は、縄文土器をつくり、使用していた文化である。この縄文文化は、どのような地域まで広がっていたのだろうか？　ここでは土器に注目して、その範囲を考えよう。

縄文時代の日本列島では、少ないながらも海外との交流があったことがわかっている。交流ルートはおもに3つ。1番目は沿海州、サハリンから北海道への北方ルート。2番目は、朝鮮半島から九州北部への朝鮮ルート。そして3番目は東南アジアから沖縄諸島へ至る南方ルート（20ページ）である。

縄文文化の範囲は、この三方向で考えればいいのだ。まず北方ルートであるが、サハリンでは縄文土器が発見されている。しかしサハリンで土器がつくられた痕跡がないことから、縄文文化は伝播しなかったらしい。つまり北海道の道北、道東が縄文文化の範囲の北限であると考えられる。

続いて朝鮮ルートをみてみよう。日本の縄文時代にあたる時期、朝鮮半島では粘土の紐を土器に貼りつけた隆起線文《りゅうきせんもん》土器や、櫛《くし》の歯でこすったような文様の櫛目文《くしめもん》土器が使用さ

れる新石器時代であった。日本の縄文時代と同じように、狩猟や採集が経済活動の中心であり、小規模な農業も行なわれていた。隆起線文土器や櫛目文土器は、九州の一部の縄文土器と類似性がみられるが、まったく同一というものではない。

さらに、縄文文化で発達した土偶も、朝鮮半島南部ではほとんど発見されていないのである。そのため、対馬海峡までが朝鮮ルートにおける縄文文化の範囲と考えてみていいだろう。

最後に南方ルートである。九州より南にある島々が本土と同じ縄文文化域であるかという議論は戦前より存在したという。縄文時代の南方諸島の文化は、縄文文化の影響があり共通性も見受けられるが、近年では異なる部分が注目されてきている。

たとえば南方の土器をみると、前期や後期などの時期に九州の土器と連絡性も認められるが、独自に変遷を重ねた部分が大きいのだ。そこで研究者のなかには「琉球縄文文化」、「沖縄縄文文化」というカテゴリーを設け、本土の縄文文化から切り離す考えも生まれている。その点からみて、南方ルートにおける縄文文化の範囲は、九州南部、種子島・屋久島あたりまでと考えることもできるだろう。

こうしてみると、縄文文化の主たる範囲は北海道から九州南部までで、現代の日本の領土内におさまっているのだ。

風土と出来事

小さな丸木舟で海を渡る!? 築かれた交易ネットワーク

縄文時代の日本には、早期以降時期ごとに6つ～7つの土器文化圏があるといわれている。これは同じ「型式」に属する土器が出土する範囲を指しており、同じものがつくられ、使われたということは、同じ情報を共有した社会を反映していると考えられるからだ。文化圏には地域性があることから、人びとはそれぞれの文化圏の中で交流をしていたと考えられるが、文化圏の外とも活発に交流をしていた。それは、各地で産出、製作された「特産品」が、別の地域の遺跡から出土することからもわかる。

では、人びとは、どのようにものを運んだのか。そういった出土品は、基本的には陸路を徒歩で運ばれただろうが、船を使って海路で運ばれた可能性も高い。縄文時代に使用された船といえば、たとえば福井県鳥浜遺跡で発見された全長6メートル、幅63センチ、深さ26センチという、細くて小型の丸木舟がある。

構造からして、海ではなく河川や湖で用いられたという説もあるが、外洋に面した遺跡でも、内部がやや深く彫りこまれた同様の丸木舟が発見されており、使い方によっては、外洋でも使用に耐える船であったことがうかがえる。

一艘だけではかなり弱く心許ない船に思えるが、これを筏《いかだ》のようにつないだりすれば、ある程度の波浪にも耐えられたことだろう。

朝鮮半島で縄文土器が出土したことから、日本海を渡って隣の国々とも交易していたことがわかっている。さすがに櫂《かい》だけを使って日本海を渡るのは困難だっただろうから、おそらく潮の流れや風も利用したのであろう。

海路を使って運ばれたと想定されるのは、たとえば黒曜石などの鉱物資源である。

黒曜石は切れ味がよく加工しやすいため、旧石器時代から石器の材料として利用されてきた。刃物としての実用性だけでなく美しさも重視されたらしい。とくに北海道白滝産のもの（十勝石）は赤い斑《まだら》も入り、もっとも美しいとされ、宝石的な価値もあったようだ。

黒曜石は火山噴出物が急速に冷却することで生成される天然ガラスで、火山地帯の日本列島には、北海道、長野、東京（神津島）、静岡、大分など多数の産出地がある。黒曜石を入手するために、

黒曜石製の石槍（中《なか》の平《たいら》遺跡出土）
（所蔵・写真提供：青森県埋蔵文化財調査センター）

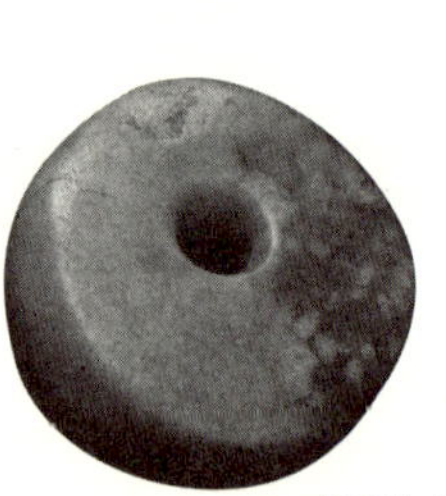

ヒスイ大珠（三内丸山遺跡南《みなみ》盛《もり》土《ど》出土）

（青森県教育庁文化財保護課所蔵）

列島各地には流通網が張りめぐらされていたと考えられ、これを、「ストーンロード」と呼ぶこともできる。

ヒスイも同様に海路で運搬した可能性がある。ヒスイの原産地は、新潟県糸魚川の姫川流域ほか、数カ所が確認されている。青森の上《かみ》尾《お》駮《ぶち》遺跡では最高級品質のヒスイの首飾りが見つかっているのだが、青森をはじめ東北地方にはヒスイの原産地がない。したがって、交易によって別の場所からもたらされたと思われるが、同じ東北でも秋田や山形ではヒスイの出土例が少ないため、陸路ではなく海路で青森に直接運ばれたのであろう。

青森県の三内丸山遺跡では、新潟県のヒスイや北海道の黒曜石が出土しており、遠方からさまざまなものが持ち込まれている。ヒスイは加工されたものだけでなく原石や未完成品も出土しているため、三内丸山遺跡で加工を行なっていたことも考えられる。

海に近いこの地は大きな交易拠点であり、ここを経由してほかの集落へものが運ばれたのかもしれない。実際、内陸の山間地でも海の魚の骨が出土しており、海岸から離れた土地にも海産物は運ばれていたようである。

ヒスイの出土からみる交易マップ

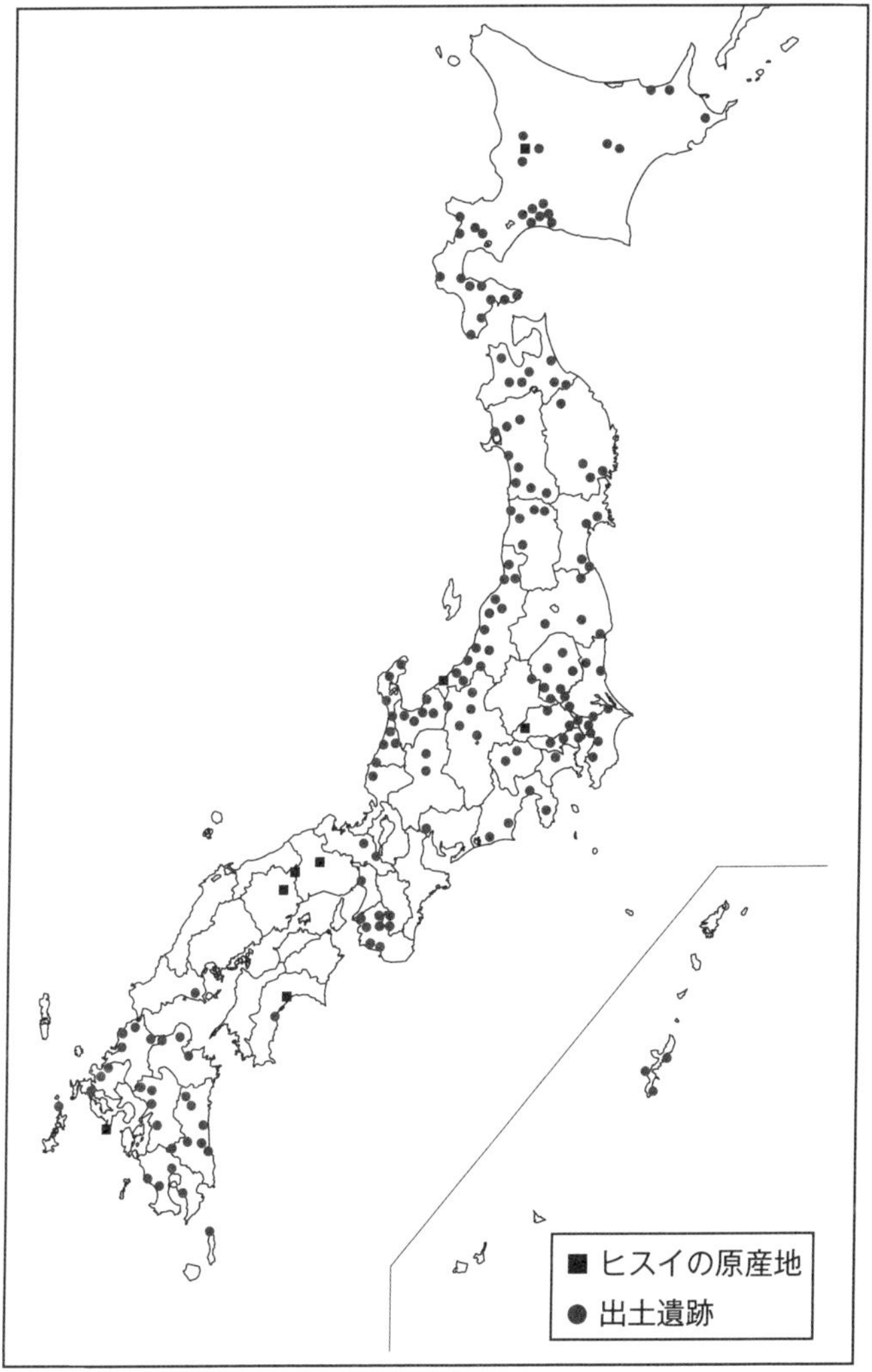

風土と出来事

南九州を壊滅させた火山噴火の恐怖

縄文時代の人口分布は、東日本に多く偏っているといわれている。とくに縄文時代中期までは、西日本の人口密度は極端に低く、東高西低の状態が長く続いた。しかし、弥生時代に水田稲作農耕が広がり、大型の集落が西日本各地においてつくられるようになったところで、ようやく西日本は人口密度で東北を抜いたのである。

とくに南九州では、縄文時代を通じてあまり人口増加はみられなかった。それには何か理由があるのであろうか？

じつは鹿児島県では、縄文時代の草創期から早期にかけていくつもの集落遺跡が発見されており、早くから縄文人が定住していたことがわかっている。たとえば上野原遺跡などは、大型の集落遺跡であり、同時期に住居が10棟ほども存在していたことがわかっている。また、土偶や土製の耳飾り、大型の壷形土器や四角い筒型土器の製作など、ほかの地域に先がけて、独自の文化を繁栄させていた。気候的にも東日本にくらべて温暖であり、より暮らしやすかったといえる。鹿児島県から熊本県、宮崎県の南部は、当時縄文文化の先

進地域であったのである。

しかし、このような状況は早期以降には継続しなかった。その理由を、多くの研究者は火山の噴火によるものと考えている。

鬼界《きかい》カルデラは、薩摩半島の沖合50キロに位置する火山活動で生まれた窪地で、現在も活発に活動している火山である。東西に23キロ、南北に16キロもの規模があり、一部が海上に出ていて竹島および硫黄島と呼ばれている。約7300年前、この鬼界カルデラが大噴火し、四国以西の縄文人は多くの被害を受けたと考えられる。

ところで、火山噴火で滅亡した都市といえば、イタリアのポンペイが有名である。ナポリ近郊にあったポンペイは、西暦79年8月24日にヴェスヴィオ火山の噴火による火砕流に飲み込まれ、一夜にして滅亡したのである。

また、群馬県にあった鎌原《かんばら》村は、「日本のポンペイ」と呼ばれている。鎌原村は、1783（天明3）年浅間山の大噴火により発生した火砕流に飲まれ全滅した。現在は景勝地として知られる鬼押出しは、このときの溶岩が固まったものだ。噴火で舞い上がった火山灰は空を覆い、天明の大飢饉の要因となったのである。

鬼界カルデラの噴火の場合、さらに規模が大きかった。生じた噴煙は、上空3万メートルにまで立ち昇ったという。噴煙は崩壊して火砕流となって海面を100キロ四方に渡って滑り、屋久島や種子島を焼き尽くし、ついには薩摩半島まで達した。

鬼界カルデラの噴火がもたらした影響

鬼界カルデラの噴火によって降り積もった「アカホヤ火山灰」で、多くの南九州と四国の縄文人が死滅した。アカホヤとは九州一帯に分布する軽いガラス質の、厚さ1メートルにおよぶ火山灰のことである。崩れやすく、安定も良くないので、現在でもしばしば斜面の崩壊などの問題が起こっている。

このアカホヤの堆積した地層の上と下では、発掘される縄文土器の型式が異なっている。これは鬼界カルデラの噴火によって南九州の縄文文化が絶え、のちに別の地域から縄文人が移り住んできたためと推測される。

またアカホヤは雨を吸収するとコンクリートのように固くなる性質があり、このため噴火後の植生を大きく変えてしまった。照葉樹林が消滅し、ススキの草原となったのだ。また九州北部では、火山灰土壌に強いクリが増えたとの研究もある。

火山噴火は、海中の生態系にも大きな影響を与える。火山灰の堆積で海底のエビやカニが死滅し、それを餌としていた魚も激減した。魚を食べていた縄文人は食生活の転換を強いられることとなる。火山噴火は自然環境のみならず周辺地域に居住していた縄文人の食

鬼界カルデラ噴火の火山灰の分布

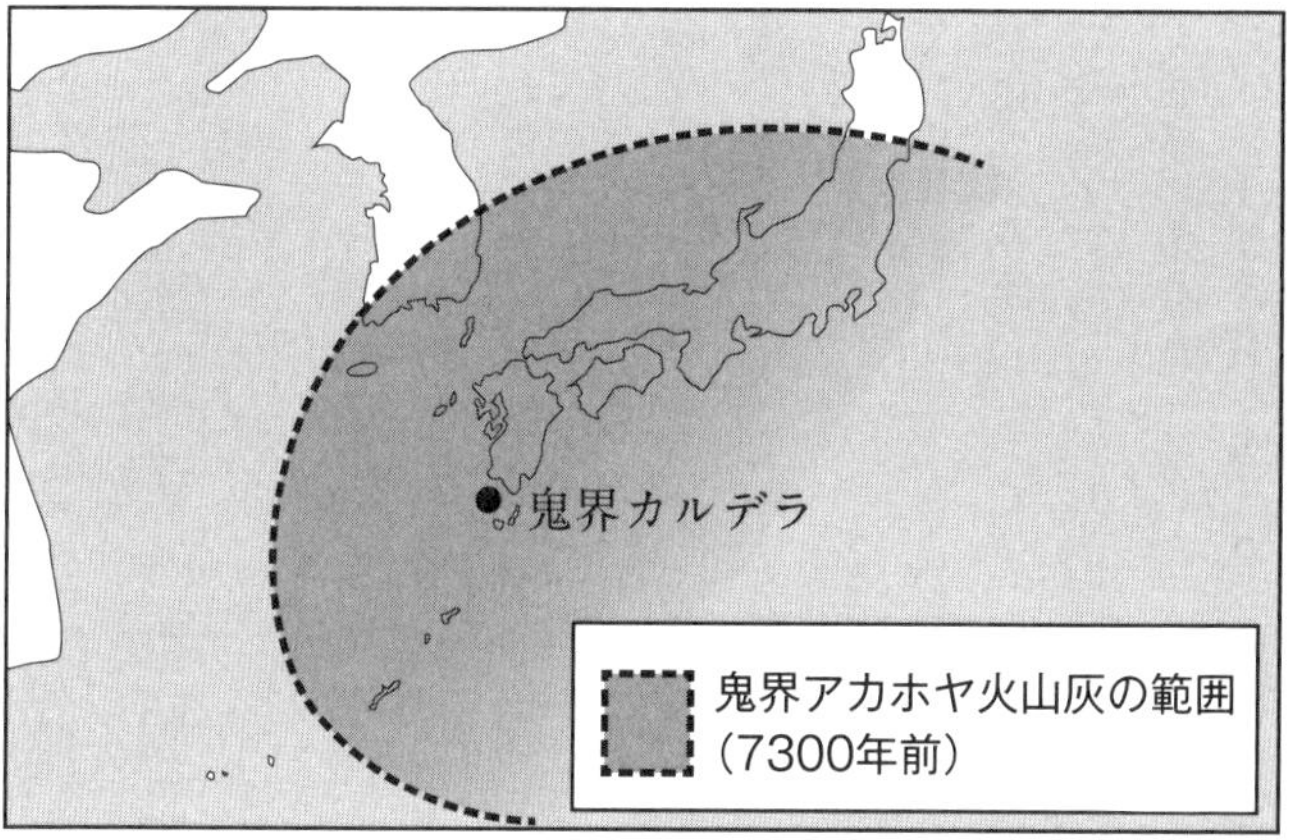

鬼界カルデラの噴火による降下火山灰は鬼界アカホヤ火山灰と呼称され、西南日本周辺から東北地方南部までの広い範囲で確認されている。

生活にも大きな影響を与えたことだろう。

このように西日本の縄文人に大きな被害をもたらしたアカホヤであるが、縄文時代の研究者にとっては、良いこともある。

それは、アカホヤが日本列島域に広く飛んだために、発掘調査時にアカホヤの堆積を見つけることで、ある地域の地層と距離的に離れたほかの地域の地層を比較して、ここは同じ時期という同時性を知ることができるからだ。このような火山灰のことを「鍵層《かぎそう》」ということもある。

地域が異なる遺跡から出土した土器や石器でも、確実に同時期のものということがわかれば、土器編年や地域間比較を研究するのに好都合だ。アカホヤは考古学の研究に一役買っているのである。

風土と出来事

聖徳太子の時代も縄文時代だった？北海道の「続縄文文化」

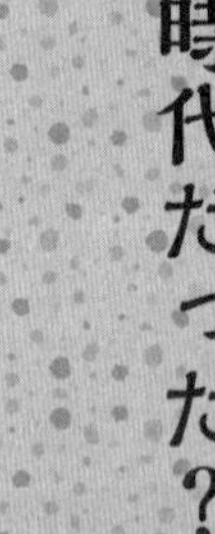

およそ3000年前、水田稲作が行なわれるようになり弥生時代がはじまっても、縄文文化はその後600年ほどの間、しだいに範囲を小さくしつつも東日本では存続していた。

教科書では、弥生時代開始以降、古墳時代を経て、約1400年前に飛鳥時代に入ったとされている。厩《うまや》戸《と》王《おう》（聖徳太子）が活躍し、天皇を中心とした中央集権国家化が進んだ時代である。現存する世界最古の木造建築・法隆寺が建立されたのもこの時代だ。飛鳥時代をもって、日本史の区分では「古代」から「上代《じょうだい》」に入る。

だが飛鳥時代に入っても、北海道では狩猟採集を中心とした文化が続いていた。北海道では稲作文化が定着し農耕社会に転じることなく、縄文文化をさらに発展させた「続縄文文化」が花開いていた。

続縄文文化では、引き続き縄文土器の系譜をひいた「続縄文土器」を使い、採集や狩猟を生業の中心としていた。しかし、一方では、クマのモチーフが多くなり、トド・アザラシなどの海獣類の狩猟や、オヒョウなどの大型魚、遡上するサケ・マスなどの漁労に特化していく傾向があった。また、弥生文化の本土からは交易によって金属器が流入し、雑穀も栽培されるようになった。

また、北海道余市《よいち》市のフゴッペ遺跡や小樽市の手宮《てみや》洞窟からは、続縄文時代に描かれた動物などの壁画が発見されている。この動物画を描く文化は、ロシアのバイカル湖周辺などにみることができ、黒曜石製の岩偶とともに大陸側とつながるものと想定されている。

したがって、続縄文文化は、単に縄文文化が継続したものではなく、弥生文化や大陸の北方文化の影響を受けながら、独自の文化が展開したものと考える必要がある。

弥生文化が北海道に根づかなかった理由としては、基本的には寒冷な気候ゆえに水稲耕作が広がらなかったからと考えられているが、一方では食糧生産社会へ転換する必要がなかったからとも考えられている。食料採取社会から食糧生産社会への移行は、必ずしも必然ではないことがわかる。

5世紀ごろからは、ロシア沿海州の人びとが、北海道のオホーツク海沿岸にまで南下し、「オホーツク文化」が生まれた。やがて7世紀はじめごろに北海道では続縄文文化が終わりを告げ、新たに擦文《さつもん》文化期へと入った。使用される土器は、土師器《はじき》に類似した擦文土器へと変化し、鉄器が本格的に活用されるようになった。のちに擦文文化はオホーツク文化を飲み込み、その後のアイヌの人びとの文化へとつながっていった。

風土と出来事

住みやすい土地はどこ？定住で「ムラの掟」も生まれた

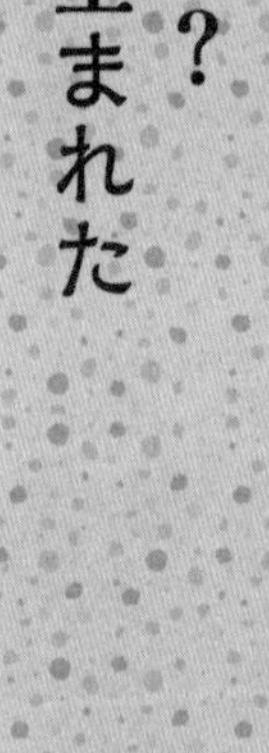

一部の地域では1万5000年ほど前の縄文時代草創期のころには、すでに定住生活がはじまっていたようだ。ただ、定住といっても最初から突然1カ所に永住するようになったわけではなく、一定期間暮らしたら、よそに移動するような暮らしをしていたと思われる。食料確保、または季節ごとに住みやすさを求めて移動した可能性もある。1年間同じ場所で暮らすようになるのは、縄文早期に入ってからと考えられている。

縄文人は各地に竪穴住居をつくり定住したが、どこでもよかったわけではない。長く同じ場所に住むとなると、住みやすさが求められる。縄文人は自分たちが住むための土地選びをしっかり行ない、快適な場所に定住した。

好まれたのは南向きで日当たりがいい乾燥した台地・丘陵だった。日当たりを重視するのは現代の感覚と変わらない。生活に欠かせない水がある川辺は重要だが、降水量が多く氾濫の危険がある。

また、低地は湿原が多く、夏になると不快な虫が大量発生した。そのため人びとは災害を避け、快適性を求めて高台で暮らしたのだ。

縄文中期ごろになると、気候の冷涼化によって海が後退し、湿原だった土地が乾燥していったため、低地に住む人も増えていったようである。

定住生活をする集落の様相は、地域によって違いがあった。東日本では、三内丸山遺跡のように一集落の規模が大きいものが多くみられ、集落の中央（広場のような場所。祭祀や人びとの作業に使われていたと思われる）を囲むように、多数の住居跡が並ぶ環状集落がつくられた。

しかし、西日本の遺跡、たとえば中国地方の集落はもっと小規模だ。集落の住居跡は2棟や3棟、ひとつの住居の床面積は15平方メートルにも満たないのがほとんどである。その大きさから考えると、ひとつの住居に居住できたのは5人程度だろう。一集落の構成員は、10人～15人前後であったと考えられる。

住居は家族で構成されており、集落は複数の家族が集まる社会だった。中国地方の小規模集落の場合、一集落は小家族集団であったとされている。血縁関係で構成されていたことは、発掘された墓群から出土した人骨の分析からわかっている。小規模集団の人口の少なさは集団を維持する上で弱点だった。おそらく、独立した集落どうしは相互に助けあう関係で、婚姻によって結びついていたのだろう。

人びとは定住することで、移動に使っていた時間や体力を、暮らしを豊かにするために使うことができるようになった。考えることで便利な道具が生まれ、知的活動が増える。集落の人口が多いとコミュニケーションが活発になり、ストレスも生まれただろう。ある程度の人口をもつ集落には、快適に暮らすためのルールも設けられた。実際に遺跡をみると、食事で出たごみの廃棄場所（貝塚）や、居住域と墓域の区別がされている。

定住化が進むほどに、一集落の人口密度は高まっていく。すると、食料確保の困難、集落の構成員の死、災いなどの諸問題が出てくる。各集落に暮らす人びとは、それらに対応するために、たとえば「ムラの掟」などの社会的ルールを整備していったことだろう。

そして、そのようなルールは「なわばり」や「婚姻」などをめぐって、しだいに集落間においても取り結ばれるようになり、社会を複雑化させていった。定住の最初期から晩期までの変遷をたどると、日常の道具や施設、祭祀具の多様化などにその複雑化をみることができる。

このルールや社会システムは各文化圏、もっと細かくいえば集落ごとに生まれていったもので、いわばローカルルールのようなものだった。社会システムの複雑さも地域によって進化の度合いに違いがあり、それぞれが土地の文化・風習として根づいていった。現代にもある地域性は、すでに縄文時代に確立していたのである。

定住生活になり生まれたルール

食事で出たごみの廃棄場所を決めた

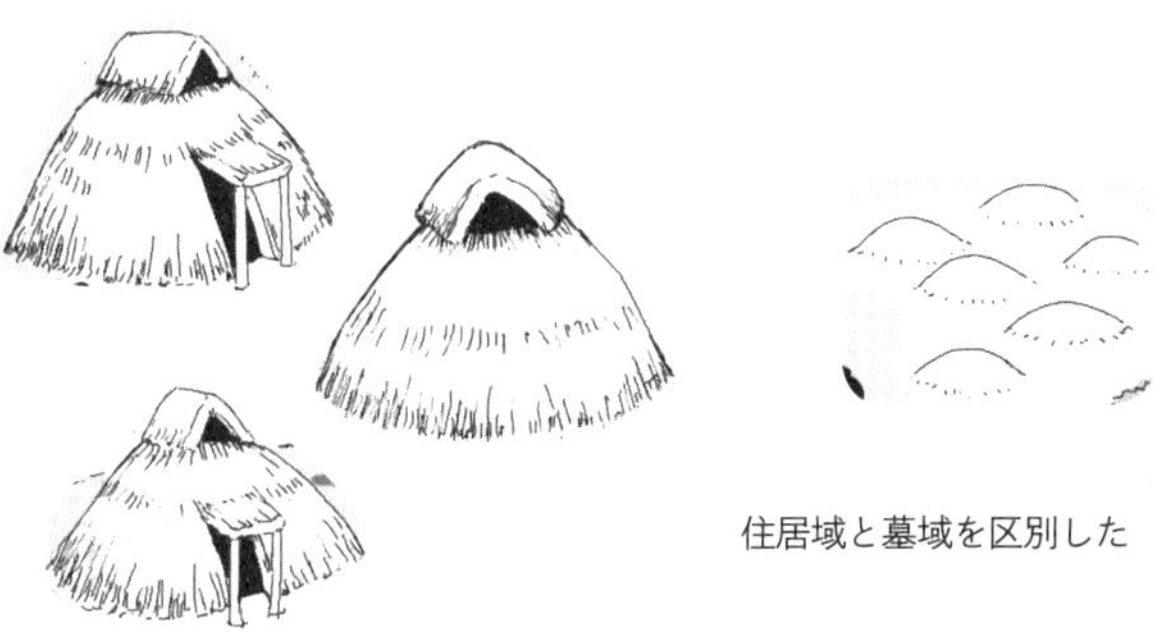

住居域と墓域を区別した

狩りや採集でとれた食べ物は
集落の人びとに分けられた

風土と出来事

3 大都市は海の底だった!? 縄文時代と現代の海岸線

埼玉県富士見市には、縄文時代前期の遺跡である水子《みずこ》貝塚がある。水子貝塚からは、貝殻のほかに魚や獣の骨も見つかっている。出土した貝のほとんどがヤマトシジミであるが、マガキやハマグリも見つかっている。また魚はカツオやクロダイ、コイなどであった。

ここで疑問が生まれる。埼玉県には海がないから、そこで汽水域（海水と淡水が混じりあっている水域）に生息するヤマトシジミや、海水域に生息するマガキやハマグリ、カツオなどがとれるはずがない。どうして海洋生物の痕跡があるのだろうか？

それは縄文時代前期には、現代の埼玉県や栃木県の位置まで海であり、東京都心に至っては、そのほとんどが海の底であったからだ。

約6000年前の温暖化によって、当時の海面は現在より5メートル～6メートル高い位置にあった。これを縄文海進という。荒川や利根川沿いに海水が入り込み、古入間湾や奥東京湾、霞ヶ浦とつながって古鬼怒湾を形成したのだ。奥東京湾の最奥部は、現在の栃木県栃木市にまで達していた。

東京近郊の海岸線

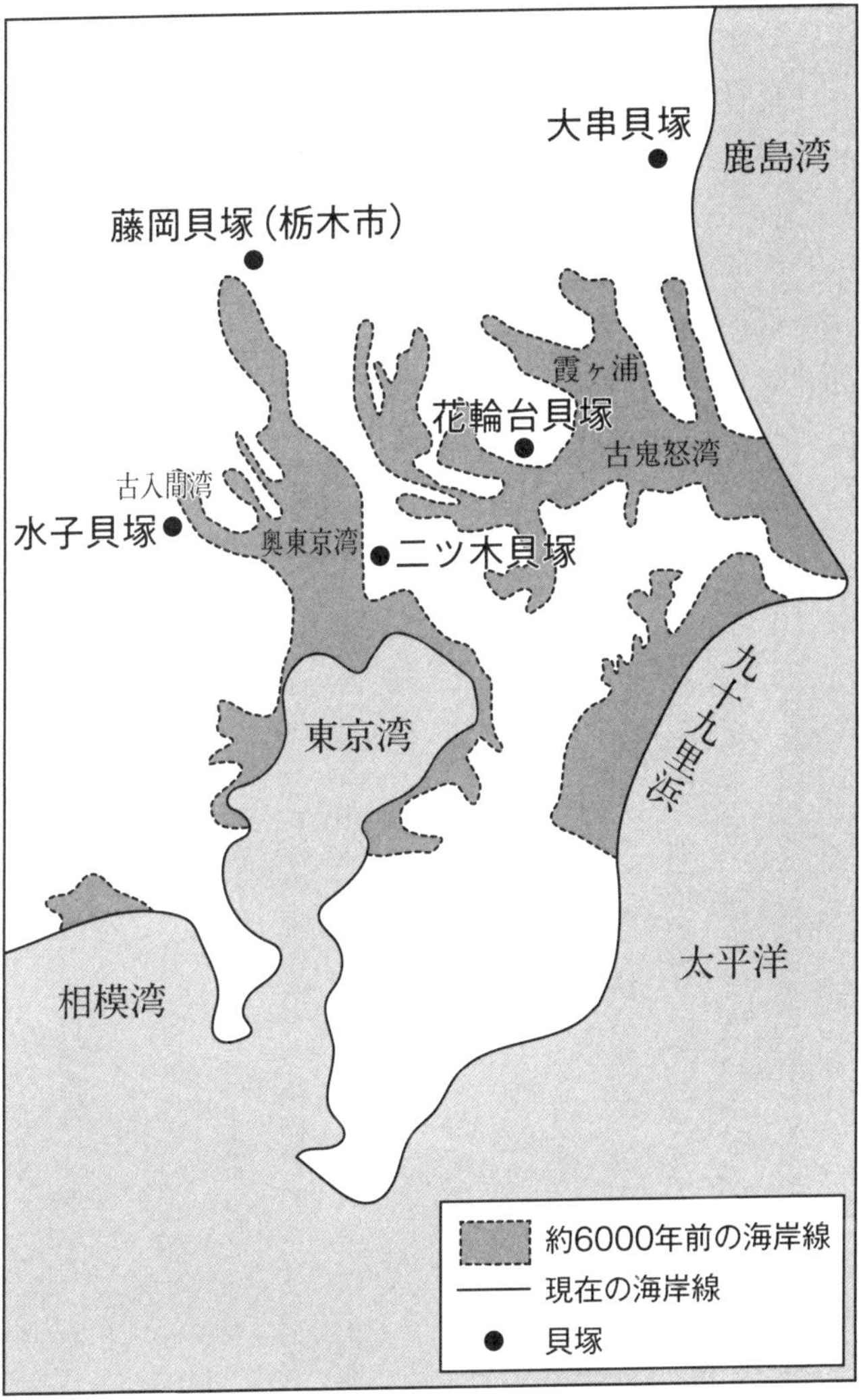
大串貝塚
鹿島湾
藤岡貝塚（栃木市）
霞ヶ浦
花輪台貝塚
古鬼怒湾
古入間湾
水子貝塚
奥東京湾
二ツ木貝塚
東京湾
九十九里浜
相模湾
太平洋
約6000年前の海岸線
現在の海岸線
貝塚

海が後退した縄文時代中期～後期に、栃木県や埼玉県は陸地となる。しかし千葉県の下《しも》総《うさ》台地縁辺部に海は残り、野田市や松戸市から同時代の大規模な貝塚が見つかっている。

名古屋と大阪の海岸線

名古屋もまた、縄文海進によって海底であった。現在の名古屋市南西部である港区や中川区、中村区は海中にあり、海岸線は熱田区など名古屋台地に沿って象の鼻のような形をしていた。名古屋市南区の粕畑《かすはた》貝塚跡、緑区の上ノ山貝塚跡、瑞穂区大曲輪《おおぐるわ》貝塚など台地上で発見された遺跡で、当時の海岸線が推測できる。

さらに大阪も海の底だった。大阪市のほとんどが海に没していて、かつてあった河内湾は茨木《いばらき》市や枚方《ひらかた》市まで広がっていたのである。大阪城から住吉周辺にかけての細く長い上町台地が、湾に半島のように突き出て、大阪湾と河内湾を区切っている状態であったのだ。

弥生時代になると、上町台地の先端の砂州が伸び、河内湾を淡水化して巨大な河内湖となった。やがて淀川や大和川が運ぶ堆積物によって、河内平野へと変貌するのである。

これら東京、名古屋、大阪は、それぞれ関東平野、濃尾平野、大阪平野といった、河川や河口にある利便性の高いが、海抜の低い土地に建設された。未来において温暖化による海面上昇が起きれば、ふたたび海の底に沈む危険をはらんでいるのだ。

名古屋と大阪の海岸線

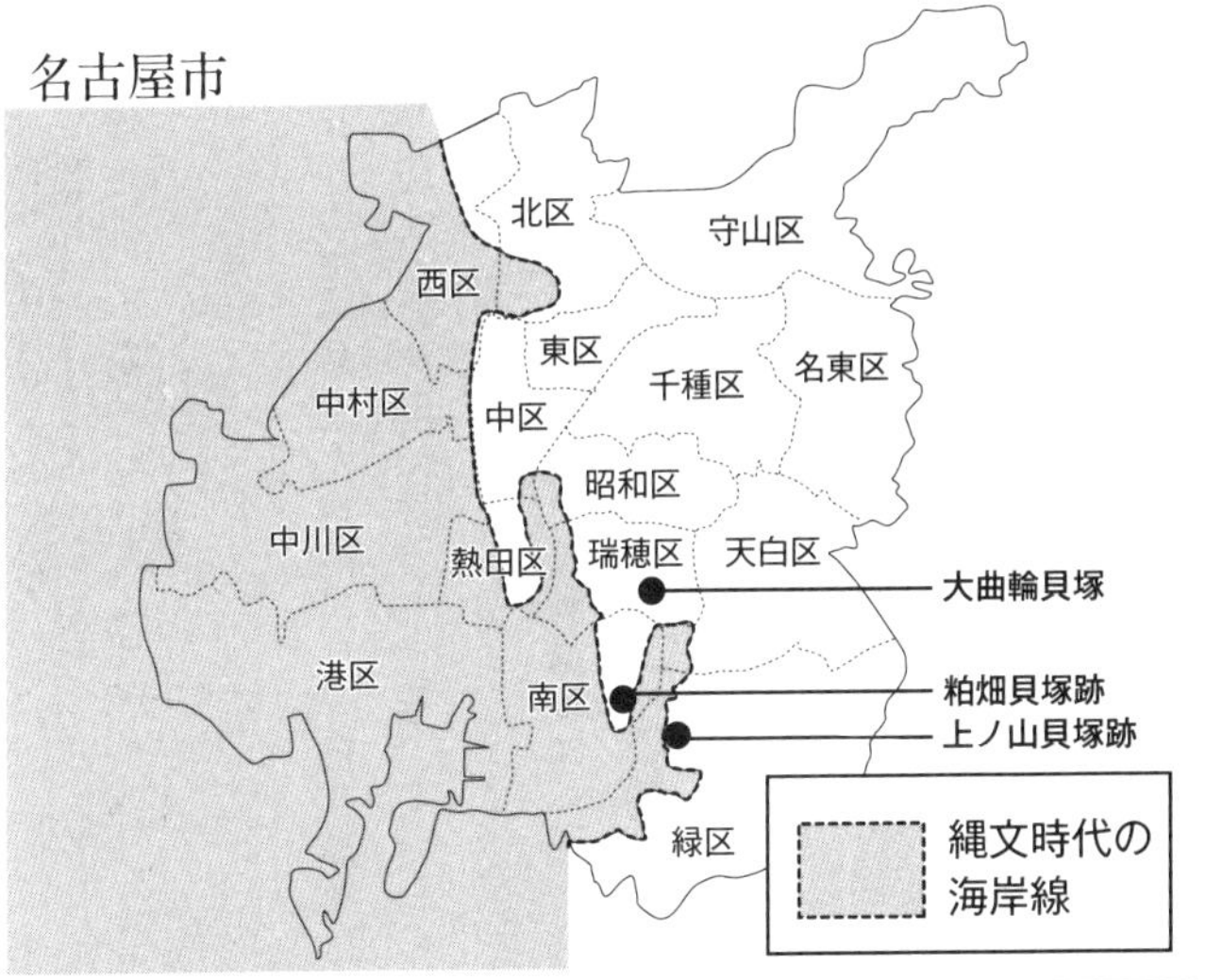
名古屋市
北区
守山区
西区
東区
千種区
名東区
中村区
中区
昭和区
中川区
熱田区
瑞穂区
天白区
大曲輪貝塚
港区
南区
粕畑貝塚跡
上ノ山貝塚跡
緑区
縄文時代の
海岸線

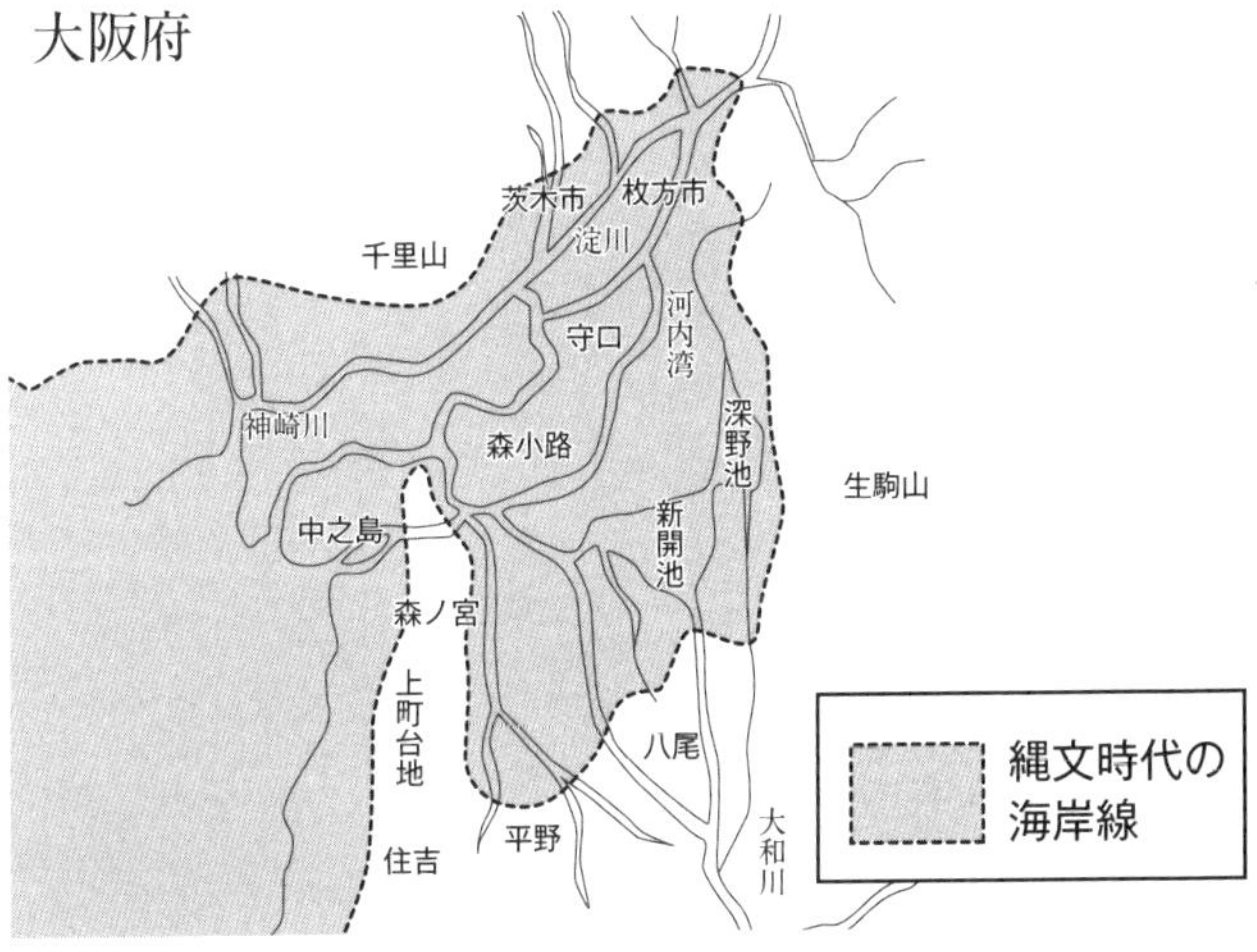
大阪府
茨木市
枚方市
淀川
千里山
守口
河内湾
神崎川
森小路
深野池
生駒山
中之島
新開池
森ノ宮
上町台地
八尾
平野
住吉
大和川
縄文時代の
海岸線

風土と出来事

離島にはたくさん遺跡が眠っている!?

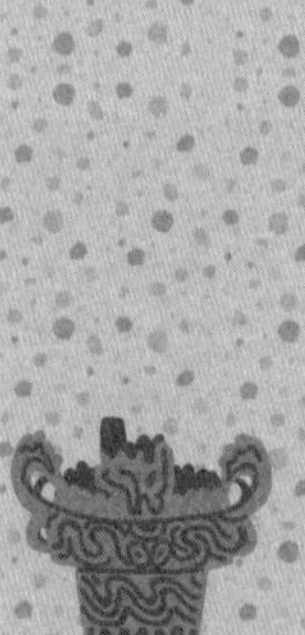

本州から遠く離れた離島にも、縄文遺跡は数多く残されている。縄文人たちは丸木舟で荒波を越え、積極的に島々へと渡っていたのだ。

たとえば、東京から100キロメートル、西伊豆からでも25キロメートル離れた大島（伊豆大島）の西部にある下高洞《しもたかぼら》遺跡は、縄文時代早期にあたる約9000年前の遺跡である。この遺跡からは、縄文時代中期や後期の遺物も発見されており、長期間にわたって人が定住していたことがわかっている。また、同島の北東部からは縄文前期の鉄砲場岩陰《てっぽうばやあ》遺跡が、南西部からは縄文中期の龍《たつ》ノ口《くち》遺跡が見つかっている。

大島から200キロメートルも離れた八丈島でも、縄文遺跡が発見されている。八丈島で最初に人が暮らしはじめたのは7000年～6500年前で、その痕跡が湯浜《ゆはま》遺跡として残されている。湯浜遺跡から150メートルほど離れた場所には倉輪《くらわ》遺跡がある。倉輪遺跡は約5000年前の住居跡で、縄文時代中期の人骨をともなう墓や、本州側から持ち込まれた縄文土器のほか、特殊な形状をした石製装身具などが多数発見されている。

ただ、本州から八丈島に渡るには、はげしい黒潮の流れを越えなければならない。ときには時速7ノット（時速13キロメートル）を超える速さで流れている黒潮は、現代の大型船でさえ、かなり船体が揺れることがある。縄文時代の丸木舟では、非常に危険な航海だったことは想像に難くない。

しかも、縄文人たちは大島や八丈島などの島々に渡りっきりだったのではなく、頻繁に本州と行き来していたのだ。なぜ、危険を冒してまで島と本州を往復していたのかといえば、伊豆諸島で大島と八丈島の間に位置する神津島産の黒曜石や、八丈島産のオオツタノハの貝殻が、本州の縄文人たちに珍重されたからだと考えられている。

伊豆諸島の縄文人はそれらの貴重品を、本州の縄文人たちのもつイヌやイノシシ、土器などと交換して暮らしていたようだ。大島や八丈島の縄文遺跡からは、もともとは島に生息していなかったと思われるイヌやイノシシの骨が大量に見つかっている。また、伊豆諸島で発掘された縄文土器の様式は、関東地方や中部地方、東海地方のものなど多様であり、広範囲の地域と交易していたこともわかっている。

もっとも、大島ではその後も現代に至るまで人が暮らし続けたが、さすがに八丈島は遠すぎたようで、いったん無人島になっている。八丈島に住んでいた縄文人たちが死に絶えてしまったのか、それとも大島や本州へと渡ったのかは不明だ。

風土と出来事

東京23区から見つかった、たくさんの縄文遺跡

縄文時代という時代区分が誕生するきっかけとなったのは、大田区と品川区にまたがる大森貝塚の発掘調査によるものだが、そのほかにも東京都内には数多くの縄文遺跡が残されている。江戸～東京と日本の中心になるはるか以前から、この地には多くの人びとが暮らしていたのだ。

たとえば、港区には汐留《しおどめ》遺跡と呼ばれる縄文遺跡がある。1990年代に汐留地区の再開発が進められたさい、縄文早期の土器片が大量に発見された。現在は汐留シオサイトとして日本テレビなどのあるこの土地には、江戸時代、仙台藩邸があった。その藩邸跡のさらに下の地層に、土器片が眠っていたのである。

千代田区にある皇居の中にも、縄文遺跡がある。1948（昭和23）年に皇居内の江戸城天守閣跡の調査が行なわれると、盛り土の中から貝殻と縄文土器の破片が見つかった。盛り土がどこから運ばれたものなのかを調べてみると、西桔橋《にしはねばし》から上がった蓮池濠《はすいけぼり》に面した崖上からのものであることが判明。その場所を発掘調査したところ、大量の貝殻や獣骨、

魚骨のほか、土器や土偶、石製品、貝製品などが発掘されたのである。この遺跡は旧本丸西貝塚と呼ばれている。

文京区で現在、東京医科歯科大学が建っている土地からも、お茶の水貝塚という縄文遺跡が発見されている。１９５２（昭和27）年に地下鉄丸ノ内線の工事が行なわれたさい、この地から縄文土器片や人骨が多数見つかったのだ。さらに、２００２（平成14）年の調査では縄文時代の住居跡も見つかっている。

ほかにも、渋谷区の代々木八幡遺跡、杉並区の井草《いぐさ》遺跡、港区の伊皿子《いさらご》貝塚、本村町貝塚、大田区の久ヶ原遺跡、世田谷区の桜木遺跡、北区の清水坂貝塚など、23区内には無数の縄文遺跡が残されているのだ。まさに、縄文時代も東京は繁華街だったといえよう。

災厄を生き延びて残った23区の縄文遺跡

もっとも、現在遺跡として発見されているよりも、本当はもっと多くの縄文人の集落が都内にはあったはずだと推測されている。だが、縄文時代に発生した縄文海進という海水面の上昇によって、東京湾の海岸線がかなり内陸部まで浸食。これにより、縄文海進より前にあった集落の痕跡の多くが海に流されてしまったのである。

また、江戸時代になると低湿地帯だった江戸の土地を改良するため、広範囲で大規模な造成工事が進められた。これによっても、多くの縄文遺跡が失われたと考えられている。

実際、先に紹介したお茶の水貝塚の土地も江戸時代に削られ、その土が貝殻や土器とともに外神田の埋め立てに使われている。現在、都内で見つかっている縄文遺跡は、縄文海進や江戸の造成工事、さらには関東大震災や東京大空襲といった災厄を生き延びてきた貴重なものばかりなのだ。

ところで、遺跡の発掘といえば、出土品に対する年代鑑定が欠かせない。年代を鑑定する方法としてはいろいろあるが、現在、主流となっているのは炭素（C14）年代を調べる方法である。これは、正式には放射性炭素年代測定というが、一般的にはC14年代測定や、炭素14法などと略されることが多い。実際の測定法方法は、炭素のもつ放射線の半減年数が5730年であることを利用して、木片や貝殻、骨などに含まれる炭素の放射線の量を測るというものだ。

C14年代測定は、1947（昭和22）年にアメリカの化学者ウィラード・リビーが発見したもので、その功績によりノーベル化学賞を受賞している。また、現在はより精密に年代を決定できる高精度放射性炭素年代測定法（AMS法／15ページ）も登場しており、もっとも科学的な年代測定方法として広く活用されている。ただ、C14年代測定で測定できるのは炭素を含むものだけであり、石器などの無機物は測定できないのが弱点である。

東京23区のおもな縄文遺跡分布図

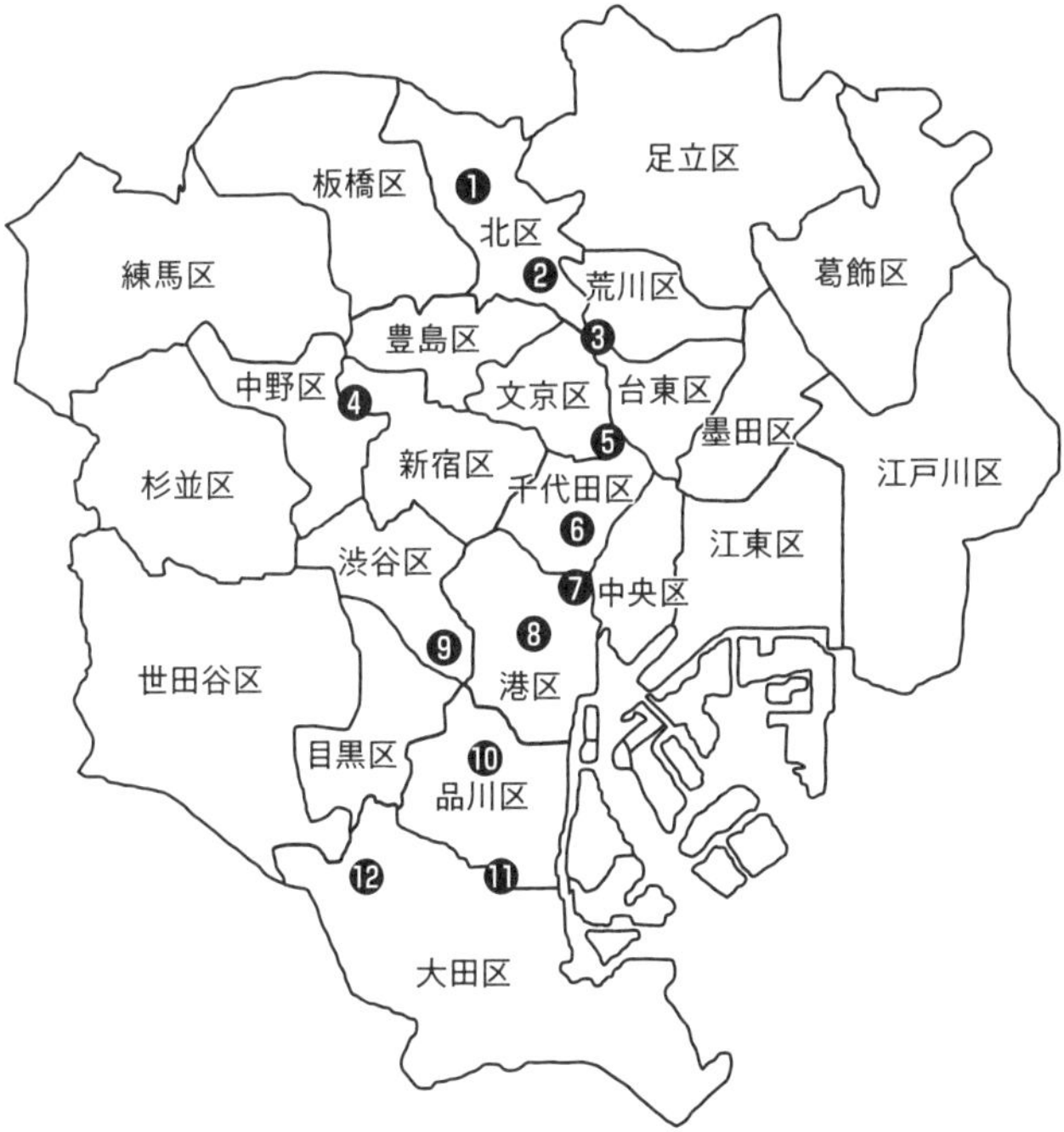

❶清水坂貝塚（北区）
❷中里貝塚（北区）
❸延命院貝塚（荒川区）
❹落合遺跡（新宿区）
❺お茶の水貝塚（文京区）
❻旧本丸西貝塚（千代田区）
❼汐留遺跡（港区）
❽西久保八幡貝塚（港区）
❾鶯谷遺跡（渋谷区）
❿居木橋貝塚（品川区）
⓫大森貝塚（大田区・品川区）
⓬雪ケ谷貝塚（大田区）

風土と出来事

温暖化で食生活が豊かになった！ 縄文海進と海の幸

地球の温暖化は、今にはじまったことではない。日本はこれまで、寒さが厳しい氷期と暖かい間氷期を交互にくり返してきた。最近の氷期は、1万5000年前に終わったといわれている。その後、1万1500年くらい前からは地球の温暖化が進み、海面が上昇。海洋性気候の影響で、気温は現在よりも平均で1度～2度高かったといわれている。

気候が暖かくなると、それまでの針葉樹林帯が縮小し、落葉広葉樹や照葉樹が広がっていった。これらの樹木は、秋になるとドングリなどの堅果類の実をつける。それが縄文人の食生活を支える食料のひとつとなったのである。

温暖化したことで、生態系も変化を余儀なくされた。マンモスやオオツノジカは寒さには強いが暑さに弱いため、生きていけなくなり絶滅した。その代わりに、イノシシやシカ、ウサギなどの中小型動物が増えた。イノシシやシカは、縄文人にとって大切なタンパク質となる。栄養豊富な動物が増えたのは、狩猟民の縄文人にとってはうれしいことだっただろう。

また、縄文時代の早期のころには海水面がそれまでよりも40メートルほども急激に上昇し、それまで山や台地だった場所は、複雑に入り組んだ湾や入江となり、砂浜が形成された。これらの場所は魚介類が集まる良い漁場となり、縄文人はこれを利用することで、食べられるものの種類を大きく増やしていった。このように居住地の周辺で入手することができる食べ物が多くなったことによって、人びとは定住生活を行なうようになっていた。

縄文時代前期、6000年ほど前になると、さらなる温暖化によって海面が4メートル～6メートルも上昇し、それにより、内陸の奥深くまで海が侵入した。この縄文海進（134ページ）を最初に確認できたのが東京都・有楽町の調査だったため、地質学的には「有楽町海進」と呼ばれることもある。

縄文時代当時を再現した地図を見ると、かなり内陸まで海の侵入が認められる。栃木県や埼玉県など、海が近くにない地域に貝塚跡があるのは、この現象によって起こったことだったのだ。関東最奥にある貝塚として有名な栃木県栃木市の藤岡貝塚は、現在の海岸線から70キロメートルも内陸に位置している（135ページ）。

縄文海進の原因と影響

そもそも縄文海進の原因とはなんだったのか。教科書には「地球の温暖化によって氷河が融《と》けたため」と記されているが、この氷河とは1万9000年前の旧石器時代に北アメリカ大陸やヨーロッパ北部にあった、巨大氷床のことである。

氷床は北半球高緯度地域の日射量の増大で融けはじめ、北アメリカ大陸やヨーロッパ北部から遠い場所では、海面は年間1センチ～2センチ上昇し、約1万年間で海面は100メートル上昇した。氷床は縄文時代前期の6000年前にはほぼ融け、それが縄文海進を起こしたのだ。ちなみに、巨大氷床があった北アメリカ大陸やヨーロッパ北部では海進の現象は認められず、遠く離れた地域に起こる現象だといわれている。

温暖化は地球規模で起きている現象で、海面が低い時代は寒く、海面が高い時代は気温が高くなる。縄文海進が起きた6000年前ごろは、日本は温暖な気候であった。これは、地形の変化で暖かい黒潮の流れが変わり、日本列島のそばを流れるようになったことで温暖化していたと考えられる。

また、海流の流れに乗って魚が運ばれるようになると、ますます海の幸が充実した。そのほかに、保存食づくりに必要となる塩も、海沿いの集落でつくられていた可能性は高い。温暖化による気候の変化は、食生活の豊かさを生んだ。すると、それに比例するように、人口の増加がみられたという。広葉樹が多く食料の調達がしやすかった東日本は、人気の居住地域だったようだ。

内陸まで海が進入した縄文海進

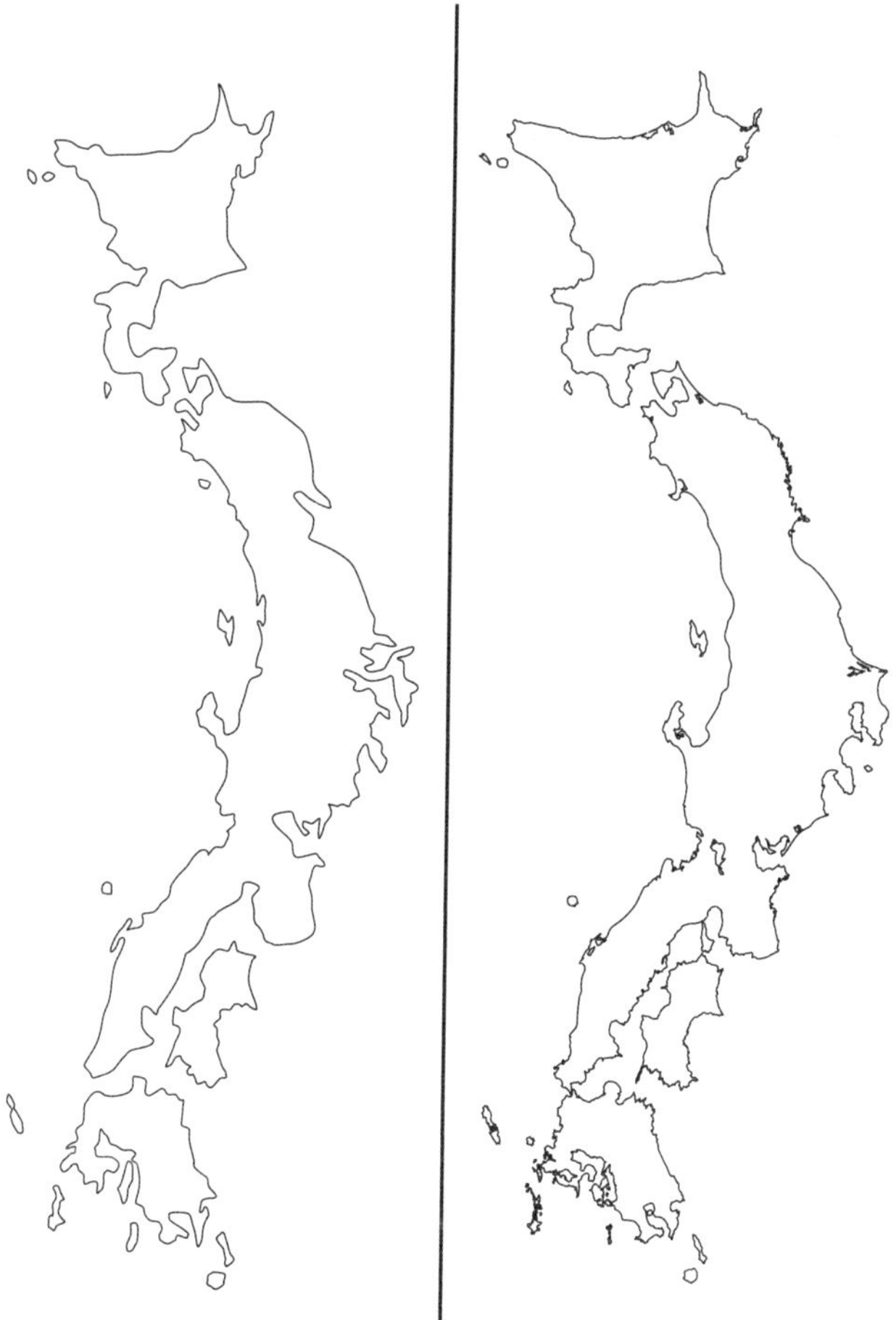

約6000年前の日本の海岸線　現在の日本の海岸線

約 6000 年前の日本と現在の日本。現在よりも 5 メートル～ 6 メートル海面が高く、場所によっては現在より 70 キロメートルも内陸に海が進出していた。

風土と出来事

縄文文化はとってもユニーク？世界四大文明からみた縄文

もっとも広く範囲をとった場合、１万６５００年前にはじまり、３０００年前まで続いたとされる縄文時代。同じころ世界では、いわゆる世界四大文明が栄えていた。世界四大文明とは、紀元前３０００年ごろにナイル川流域で栄えたエジプト文明、紀元前３５００年ごろチグリス川とユーフラテス川に挟まれたメソポタミア地方で栄えたメソポタミア文明、紀元前２３００年ごろインドのインダス川流域で栄えたインダス文明、紀元前６０００年ごろ黄河流域と長江流域で栄えた中国文明（黄河文明と長江文明）の４つである。この四大文明に対し、日本の縄文時代の文化は引けを取らない立派な文明であり、「縄文文明」と呼ぶべきだという意見もあるほどだ。しかし、これは間違いである。

文明の定義のひとつに、都市の存在がある。都市とは、交易・流通など経済の発達の結果、特定の場所に多くの人口が集中している場所のことを指すが、その一方で都市では食糧の生産が行なわれず、周辺から持ち込まれることも、都市の定義のひとつである。したがって、都市が成立するには、まず食糧生産社会であることが前提となるのである。一時、三内丸山遺跡などを縄文都市として、縄文文明の存在を主張した説も出されたが、これは定義の面からも成立しない。

発展段階的な歴史観でみれば、狩猟採集を中心とする食糧獲得経済よりも農耕による食糧生産経済のほうが進んでいるということになるが、現在の文化人類学的な知見からは、必ずしもこれが正しいとはいえないこともわかっている。

ただ、縄文文化には、クリを２００年間以上の長期にわたって栽培して、大型の建築物を建てたり、ウルシを栽培して多くの漆工芸品を制作したり、堅果類を加工して食料としたりといった、高度な植物利用技術が存在した。また、多種多様な土器や石器を製作する技術ももっていた。ときには環状列石や周堤墓、大型建物のように大規模な土木工事を行なう技術をもっていた。大型の集落や大規模な墓地、土偶や祭祀遺構などからうかがい知ることのできる社会構造と精神文化は非常に複雑なものだ。これらの点をみても、縄文文化は世界中の新石器時代文化には、けっしてひけをとらないといえる。それほど、縄文文化は世界史的にみて、ユニークな文化なのである。

そもそも文化や文明を大きさや長さでくらべて、優劣をつけることじたいにあまり意味はない。人類の来し方にはさまざまな道があったわけで、五大文明などと謳わなくても、縄文時代にすぐれた独自の文化と生活スタイルがあったというだけで十分なことだろう。

縄文コラム

縄文時代のペット事情

現代の日本では、10世帯のうち1世帯でイヌかネコが飼われており、まさに「ペット王国」の様相となっている。では、縄文時代にも愛玩動物としてのペットがいたのであろうか？

人類史上、最初に人間の友となった動物はイヌであった(35ページ)。3万年前にイヌは狩猟や番犬目的で家畜化し、1万年ほど前の西アジアでは、イヌと人が合葬されている事例も知られている。日本でも7300年～7200年前、縄文時代早期～前期にあたる愛媛県久万高原町の上黒岩岩《かみくろいわいわ》陰《かげ》遺跡から2匹の埋葬されたイヌの骨が出土している。これが国内最古の埋葬犬である。縄文時代のイヌの埋葬例は全国で200例を数え、なかにはイヌどうしが合葬されているものもあり、一時期に複数が飼育されていたこともわかっている。ただし、縄文時代においてイヌは愛玩用というよりも、猟犬や番犬などの目的で飼育されていたようだ。

一方で、最近飼育頭数がイヌを上回ったネコはというと、約1万年前にヤマネコが家畜化され、イエネコとなった。日本に大陸から入ってきたのは弥生時代。おそらくは大陸から稲作とともに、穀物をネズミから守る目的で渡来した。したがって、縄文時代にはペットとしてのネコはいなかった。

パート4

知っておきたい！縄文土器・土偶の秘密

土器・土偶

土器は煮炊きの道具というけど……それ以外にも使われていた！

土器の製作は、いまから1万6500年前ごろにはじまった。世界的にも早い時期である。草創期に深鉢形の土器がつくられるようになると、時代を追うごとに多様化し、前期には浅い鉢、後期には注口土器が出現する。これらは東日本を中心に定着した。一方、西日本では早期に九州で壺形土器が出現しているが、広範囲に分布するのは後期以降である。

土器は、その当初から煮炊き用の道具として使われ、人びとの食生活に革命をもたらした。もちろんそれ以前も食べ物を火で「焼く」という調理法はあったが、土器を使用して食材を茹《ゆ》でたり煮たりすることが可能になり、食べられる食材の幅や調理法は格段に広がった。食べ物は消化しやすくなり、殺菌で病気を防げるなど、食生活の発展は健康にも関わった可能性が高い。

土器が煮炊きの道具として食生活で使用されていたことは、土器の表面に焦げつきや煤《すす》が付着していることからわかる。土器を製作したさいにできる焼きムラとは異なり、土器の中央より下は焦げつき、中央より上は煤で黒ずんでいるのが特徴的で、火にかける道具

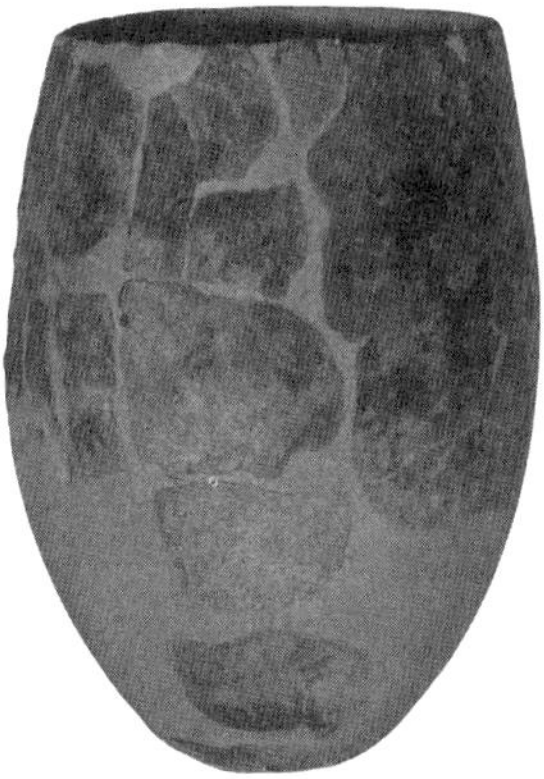

煮炊きに使用されていた豆粒文《とうりゅうもん》土器（泉福《せんぷく》寺《じ》洞穴《どうけつ》出土／佐世保市教育委員会提供）

として使われていたことがうかがえるのである。この特徴はとくに深鉢にみられる。

なお、土器は調理に用いられていただけでなく、ウルシやアスファルトの精製、植物繊維の処理、堅果類の煮沸によるアク抜きといった作業にも使われていた。

土器は煮炊きに利用されていたとされているが、土器がつくられるきっかけがなにであったか、諸説あるもののよくわかっていない。煮炊きするものとして誕生したのか、あるいは別の用途でつくられた土器が煮炊きにも使われるようになったのだろうか。

もともと土器は、多数の目的に使用される「容器」であったともいわれる。土器が生まれる前に容器として使われていたのは、おそらく植物の葉や樹皮・樹木、動物の皮などを編んだり彫ったりして使われていたものと思われる。土器は、それらが材質を変えてあらたに登場した容器だったと考えられる。

謎といえば、じつは土器の具体的な利用場面もよくわかっていない。土器が出土し、その状態から煮炊きに使用していたことは認められるものの、実際に煮炊きしたものが中に詰まったまま見つかった例がほとんどないのである。魚類の煮炊きに使用されていたという分析結果や、デンプンとタンパク質をあわせてよく煮込んだ痕跡が残っているが、そのほかにどんな食材を、どう煮炊きしたのかは不明である。

深鉢の容量は、だいたい1リットル～5リットル程度。ドングリのアク抜きなどの下ごしらえに使っていたといわれるが、10リットル以上のものもあるため、大人数分の料理の調理に使用された可能性もある。単純な深鉢形だけでなく、胴部に独特のくびれが施されたものもある。下部に水を注ぎ、くびれ部にサナのようなものを置いてその上に食材をのせ、蒸し器として使用したという説もある。同じ煮炊き用の道具であっても用途によって異なる形状の土器が使い分けされていたようだ。

使用場面としては、考古学的分析から、直火で煮炊きする以外に、囲炉の上から縄で土器を吊るして火にかける方法、囲炉に埋設した土器に別の土器を差し込んで火にかける方法などが考案されているが、実際どのように使用したのか、不明な部分も多い。

煮炊き以外にも使われた土器

煮炊きの土器の種類が多様であったように、食事に使用されるあらゆる道具が土器でつくられていた。とくに東日本では食器類が定着していた。

たとえば縄文中期以降に定着した注口土器は、儀礼・饗宴《きょうえん》での使用や果実酒の醸造での使用が考えられる。急須のような形をしたものや、舟形、取っ手つきのものもあって多様だ。盛りつけや取り皿に利用されたであろう浅鉢や高杯《たかつき》、スプーン形土製品などというものもある。見つかっている土製のスプーンは数が少ないため、一般には木製のスプーンが使われていたのかもしれない。取り皿や椀なども土器だけなく木製の器が見つかっている。

火にかける必要のない皿などは、土器が登場する前からあった素材が使われていた。

このように多数の小型の浅鉢や皿がつくられているが、それが日常で使用されていたかどうか、疑問が残る。浅鉢や皿はあるものの、数は少ない。さらに、使用に耐えればよいというわけではなく、美しく丁寧に仕上げられている。日常雑器としてでなく、何か大きな行事や大事な場で使用されるために存在したのかもしれない。

縄文土器は時代が下るほどに装飾が細かくなり、実用性だけでなく美しさも重視されていたらしい。埋葬にも使われていたが（33ページ）、祭祀にも利用されたと考えられている。

土器・土偶

土偶はなぜ女性ばかりなのか？縄文時代の「女性観念」

土偶は男性を表わしたものや、動物をかたどったものも存在するが、女性を表わしたものがそのほとんどを占めている。たとえば、日本の著名な土偶に、「縄文のビーナス」「縄文の女神」「仮面の女神」といった愛称で親しまれる3体がある。この呼び名からわかるようにどれも女性を表わしており、それは、豊かな乳房やお腹の膨らみ、妊娠中にお腹に現われる正中線、大きなお尻、女性器などの特徴から確認できる。

「どのようにして新しい生命が誕生するのか」。それは、縄文人にとって大きな謎だったはずだ。男女がいて女性だけが妊娠し、出産をする。女性は身をもってその変化を感じられるが、男性にとっては自分にはない「産む」という力をもった女性がとても不思議に見え、妊娠した女性を特別な存在と感じたかもしれない。

土偶が女性ばかりであるのは、新しい生命を産み出す女性を神聖な存在とみなし、その不思議な力を呪術的に表現したからだと考えられている。医療が未発達な縄文時代では、出産は母子ともに生死をかけた一大事であった。不幸にして妊娠中・出産時の事故で亡く

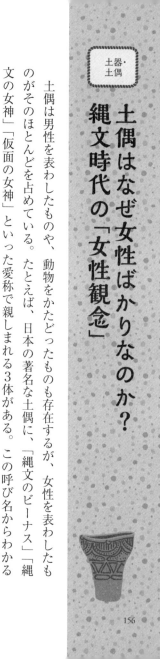

鋳物師屋《いもじや》遺跡出土の妊娠した土偶（写真提供：南アルプス市教育委員会）

なった女性は、ほかとは異なった特殊な方法で埋葬されていた。当時の人びとが、無事に子どもを産めるようにと祈願し、それを土偶に託したことは容易に想像できる。

また、新しい生命を産み出す呪術的な力を託された土偶は、その役割を広げ、縄文時代の人びとがより多くあってほしいと望んださまざまなもの、たとえばイノシシやシカ、ドングリ類などといった、自然の恵みの豊穣と再生を祈る祭祀具としても使われた。

なかには、祭祀の場で首や手足を折り取られ、大地にまかれたとみられるものもある。

腹部を膨らませることで身ごもった女性を表現した土偶は、単に子どもを産む象徴としてだけでなく、その大地すべての生命誕生の象徴だったのだろう。

土器・土偶

壊れた土偶の謎――最初から壊されるためにつくられた？

人をかたどった土偶、動物をかたどった土製品は多数発掘されているが、意外と完全なものは少ない。たとえば、山梨の釈《しゃ》迦《か》堂《どう》遺跡からは全国的に見ても圧倒的に多い１１１６個もの土偶が出土しているが、そのほとんどがバラバラに壊れた状態であった。

土偶は一塊の粘土から継ぎ目なくつくられるのではなく、頭、胴体、手足は別々につくってあとから合体させる。複数のパーツを組みあわせているので、その継ぎ目はもちろん割れやすくなっているのだが、出土した土偶を見ると、継ぎ目ではない部分が不自然に割れているものも散見される。また、住居に置かれていた土偶が経年によって劣化し破損したわけでもなさそうだ。墓の副葬品として埋葬されたわけでもない。

土偶の多くは、貝殻や壊れた土器などと一緒に村はずれのごみ捨て場で出土しているのである。これは壊れてしまった土偶を仕方なく廃棄したという数ではない。もともとひとつの土偶だったものの破片が、離れた別々のごみ捨て場から出土した例もある。

こういった出土状況から、どうも土偶は意図的に壊されていたと考えられている。土偶が役割を終えたから壊されたのか、はたまた壊すことを目的としてつくられたのか、詳細は不明であるが、おそらく土偶を壊す行為には儀礼的な意味があったのだろう。

土偶はなんのために壊されたのか。人の姿をしたものを最初から壊す目的でつくるということは、ある特定の部分を壊すことで身体の不調の回復を願ったからだという説がある。

では動物ではどうだろう。たとえばイノシシをかたどった土製品が出土しているが（56ページ）、やはり壊れているものが多く、胴体・左右の足がそれぞれ別の住居跡から見つかった事例もある。この状況は何を意味するだろうか。イノシシは子だくさんの動物であるから、それをかたどった焼き物を持つことで子宝を願ったのかもしれないし、あるいはイノシシを仕留めた記念や大きなイノシシを仕留めることを願って持ったのかもしれない。

ほとんどの土偶は女性の姿を表わしている（156ページ）。それは乳房の膨らみ、妊娠を表わす大きなお腹などが特徴的なことからもよくわかる。こういった女性の土偶も、子宝を願ってつくられ、壊された可能性が高い。また、「産む」存在である女性を生や再生の力をもった神聖な存在ととらえ、その女性の人形を壊して土に撒くことで土地に新たな命の誕生と再生を願ったり、大地の豊穣を願った、という説もある。

土偶の用途や破壊の意味についてはまだ謎が多いが、推測できる限りでは、このように人びとの願いを託す儀礼的なものとして使われていたようだ。

土器・土偶

金色に輝く妊婦の土偶
国宝・縄文のビーナス

現在、国宝に指定されている縄文時代の土器・土偶は6点。国宝に指定されるには、保存状態が良いことや学術的価値の高さはもちろん、出土時の状況が明確であることが条件になる。そして、数ある縄文土器のなかで、１９９５（平成７）年に最初の国宝指定を受けたのが、「縄文のビーナス」だ。切れ長の目やおちょぼ口、どっしりとした下半身は一見ユーモラス。しかし、本体に粘土を貼り、表面にはキラキラ光る金雲母《きんうんも》を含んだ粘土で覆った見事な技術。妊婦をかたどったフォルムは、まさに「ビーナス」と呼ぶにふさわしい。

発見されたのは、八ヶ岳に連なる霧ヶ峰のふもとにある長野県茅野《ちの》市の棚畑《たなばたけ》遺跡。１９８６（昭和61）年9月8日の夕方、工業団地造成に先立つ発掘調査中だった調査員が、黄色い土からわずかに顔を出した土器片を見つけた。丁寧に掘り進めると、横たわった状態の土偶が現れたのだ。しかも、土の圧力で左足がはずれていた以外は、つくられた当時のままの状態を保っていた。土偶は故意に破壊されていることが多く、完全な状態で発見されることは非常に稀。この土偶は、あえて完全状態のまま埋められたと考えられる。

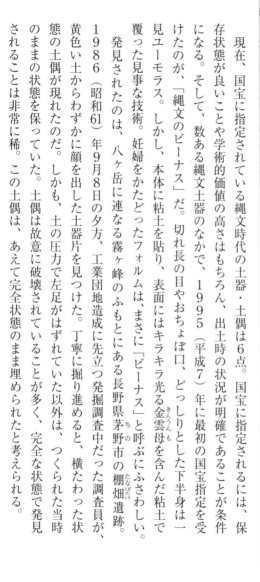

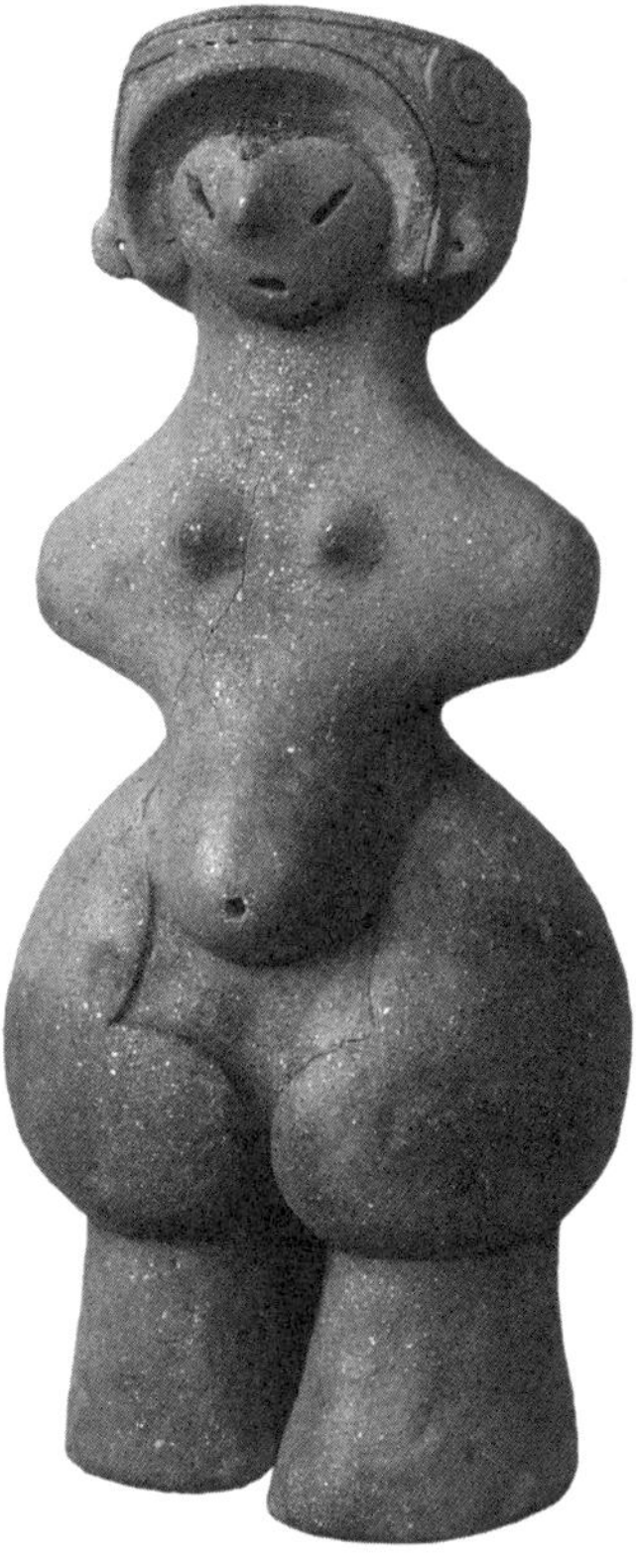

名前：国宝・土偶（縄文のビーナス）
時代：縄文時代中期
所蔵・写真提供：長野県茅野市尖石縄文考古館

高さ 27 センチ、最大幅 12 センチ、重さ 2.1 キログラム。
光をあてるとキラキラと輝く。

土器・土偶

現存土偶最大の無表情な八頭身美人 国宝・縄文の女神

1992（平成4）年、山形県最上郡の西《にし》ノ前《まえ》遺跡で、尾花沢《おばなざわ》新庄道路建設のための発掘調査が行なわれた。8月4日から6日にかけての調査で、直径2・5メートル、深さ1メートルの狭い範囲から、左足、右足、腰、頭、胴と、5つに割れた土偶のパーツが相次いで発見された。この5つのパーツをつなぎあわせ、復元されたのが「縄文の女神」だ。

高さ約45センチと過去最大級の大きさを誇り、上半身は平坦でありながら、胸や腰のくびれ、正中線など妊産婦を思わせる女性らしいフォルムを表現。対して下半身は太く、四角い造形でどっしりと安定感を保ち、力強い横線が刻まれている。つくりこまれた胴体に対して、手は省略され、顔には目鼻口の表現がまったくないのが逆に神秘的。わずかに頭部の横に耳飾りの跡らしき穴があり、頭部と胴体の対比から「八頭身美人」とも称される。

縄文時代中期の作で、同じ場所からは30以上の土偶の破片も発見されている。そのため、不要になった土偶の捨て場所からの出土と考えられている。完全再現できた土偶は非常に少なく、学術的価値が極めて高いことから、2012（平成24）年に国宝指定を受けた。

淡い赤褐色で、大きな下半身はスカートや
裾広のズボンを履いたように見える。

名前：国宝・縄文の女神
時代：縄文時代中期
所蔵：山形県（山形県立博物館保管）

土器・土偶

厚さ2ミリでも壊れずに眠っていた 国宝・中空土偶

北海道初、そして唯一の国宝が「中空土偶」。その名のとおり内部が中空になっており、外郭の厚さはわずか2ミリだ。高さ41・5センチと最大級で、表面にはさまざまな文様や顔の表情などが細く刻まれ、薄く精巧なつくりと文様の豊かさは考古学的にも貴重。

発見されたのは１９７５（昭和50）年のこと。北海道南茅部町《みなみかやべ》（現函館市）の主婦が農作業をしている最中に、ジャガイモ畑の中から人形の頭部らしい土器を発見した。さらに周囲を掘ると割れた胴体など6つの破片が見つかった。自宅に戻ると中学1年生の娘から土偶ではないかといわれて地元の教育委員会に持ち込み、復元されることになったという。

土偶などの埋蔵文化財は通常、遺失物として扱われ、落とし主が現われない場合は発見者に戻される。しかし、発見した主婦は、町のためにと土偶を寄贈し、役場では耐火金庫に入れて保管していた。そして、函館市との合併により再調査が行なわれると、中空土偶の価値が認められ２００７（平成19）年に国宝に指定された。また、市は中空土偶の保管・展示のために函館市縄文文化交流センターも建設し、２０１１（平成23）年に完成した。

名前：国宝・中空土偶
時代：縄文時代後期
所蔵：函館市縄文文化交流センター

出土した南茅部町の「茅」と、中空土偶の「空」から「茅空《かっくう》」の愛称をもつ。

土器・土偶

縄文人が何度も補修した痕跡の残る土偶 国宝・合掌土偶

青森県八戸市の風張《かざはり》1遺跡で、1988（昭和63）年から5度にわたる発掘調査が行なわれた。この遺跡は、縄文中期から平安時代まで使用された竪穴住居が多数残る「複合遺跡」だ。そして、1989（平成元）年7月、作業員のひとりが、第15号竪穴住居跡の奥の北壁から、右側面を下にして正面を住居中央に向けた、左足のない土偶を発見した。その後、2・5メートル離れた西側の床から左足が発見され、完全な形に復元された。

高さ19・8センチで奥行は15・2センチ。縄文時代後期の作で、平板な顔に仮面をつけたようだが、胴体には女性的な特徴がみられる。座った状態で手を合わせたポーズから「合《がっ》掌《しょう》土偶」と呼ばれている。

合掌土偶の特別な点は、修復された痕跡があることだ。両腿のつけ根と膝と腕に、天然のアスファルトを使ってくっつけた補修の跡がある。墓や捨て場ではなく住居から出土したこと、当時から修復されるほど大事に扱われていた点など、謎の多い土偶の用途を研究する上で貴重な存在として、2009（平成21）年に国宝となった。

名前：国宝・合掌土偶
時代：縄文時代後期後半
所蔵・写真提供：八戸市埋蔵文化財センター是川縄文館

風張1遺跡出土。顔や体には赤い塗料がついており、
もともとは全体が赤く塗られていたと考えられる。

土器・土偶

墓から発見された仮面をつけた謎の土偶 国宝・仮面の女神

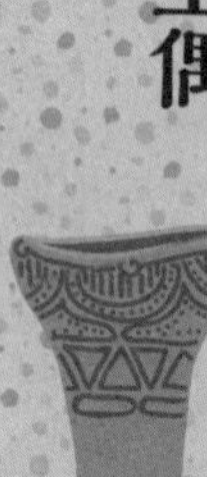

2014（平成26）年8月21日、土偶としては5点目となる国宝指定が決定し、「仮面の女神」との愛称がつけられた。命名の由来は、逆三角形の顔に粘土紐が結ばれており、仮面をかぶっているように見えることにちなんだもの。

発見されたのは2000（平成12）年の夏、長野県茅野市の中《なか》ッ原《ぱら》遺跡だ。8月23日の午後2時過ぎ、発掘調査中の作業員が、集落中央の墓地跡から土偶の一部が露出しているのを発見。掘り進めるうちに、穴の中に横たわるように埋められた縄文後期前半の仮面土偶が姿を現わした。仮面の下部には目、鼻、口を思わせる穴が穿《うが》たれ、女性をかたどった胴体には、複雑な文様が描かれている。全体も細い粘土紐を積み上げてつくられているため中は空洞で、右足が外れていたが、のちの調査で故意に外されていたことが判明した。

発見当時は、世紀の大発見として騒がれ、一般公開日初日には4000人ものファンが長蛇の列をつくったという。長野県では「縄文のビーナス」に続き2点目の国宝指定となり、縄文のビーナスと同じ茅野市尖石縄文考古館に所蔵・展示されている。

名前：国宝・仮面の女神
時代：縄文時代後期前半
所蔵・写真提供：茅野市尖石縄文考古館

考古学的価値はもちろん美術的にもすぐれ、
土偶造形の頂点ともいわれる。

土器・土偶

煮炊きの道具とは思えないほどの造形美　国宝・火焔型土器

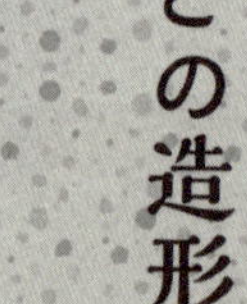

まさに炎が燃え盛っているかのように見える火焔型土器。立ち上がる火のような大型の取っ手が４つつけられているほか、口縁部には粘土の貼りつけによってギザギザ状の文様がつくられており、複雑なデザインから祭祀用とも考えられる。ただ、土器の底部が焦げたものもあり、煮炊きに使われていたことも確かなようだ。

火焔型土器は数多く存在し、おもに縄文中期中ごろ（約５０００年前）の約５００年の間つくられ、とくに新潟県長岡市の丸高《まるたか》遺跡など信濃川流域に集中している。年代も地域も限定された、深鉢形土器の地方バリエーションのひとつといえるだろう。

１９８０（昭和55）年、新潟県十日町市の笹山遺跡で、市営球場や陸上競技場建設にともなう発掘調査が行なわれた。５年間７回にわたる発掘調査により、縄文中期の集落跡から石器・土器・土偶など９２８点が出土。このうち、火焔型土器14点を含む深鉢形土器57点が、１９９９（平成11）年「新潟県笹山遺跡出土深鉢形土器」として国宝に指定された。なかでも「縄文雪炎《じょうもんゆきほむら》」の愛称で知られる指定番号１は、火焔型土器の代表といえる。

名前：国宝・火焔型土器（縄文雪炎）
時代：縄文時代中期
所蔵・写真提供：十日町市博物館

４つの取っ手を要として縦割りに四等分し、
器全体に文様をつけている。

土器・土偶

そのポーズ、どんな意味？ フシギな土偶たち

日本各地から多数の土偶が出土しているが、その姿かたちは多種多様である。女性を表わすものが多いが、なかには変わった形をしたものもあるのだ。たとえば、しゃがんだポーズの土偶、ばんざいポーズの土偶、子を抱く母の姿の土偶もある。

しゃがんだポーズの土偶は、「蹲踞《そんきょ》土偶」と呼ばれる。立体的で、顔立ちまで詳細に表現され、赤に彩色されたものが多い。なかには、よく土偶が出土するごみ捨て場ではなく、住居跡から出土した土偶もある。青森県八戸の風張1遺跡から見つかった「合掌土偶」には、割れた断面にアスファルトで修復した跡もみられる（１６６ページ）。これは当時の人びとが、儀礼で壊すためではなく家に置くものとして土偶を扱っていたことを示している。

手を合わせて合掌しているとも、座産の様子であるともいわれる。祭壇に置いて日常的に祈っていたのか、あるいは出産のさいにそばに置いていたのだろうか。

土偶にはこのように出産に関わる女性のモチーフが多いが、東京都の宮田遺跡の出土例のように、出産後の母が子を抱く土偶もある。出産は命に関わる一大事であり、再生の象

上岡遺跡出土のしゃがんだポーズの土偶（福島市教育委員会蔵）

徴でもあるため儀礼用につくられたと思われるが、子を抱く母とは日常の風景である。縄文人にとって、日常を切り取った土偶をつくることはタブーではなかったのだろう。

いずれにせよ、当時女性という存在がいかに重要であったかを物語っている。

縄文中期以降には、立体的で個性的な土偶がたくさんつくられたらしい。ほかにも、胴の内部が空洞で振るとカラカラ音が鳴る土偶や、頭部がハート形をしたり、ミミズクのような顔の土偶、平べったい板状で十字形の土偶、小さな三角形の土偶など、さまざまな形のおもしろい土偶がある。

土偶のポーズには、何か呪術的な意味があるのではないかと研究されているが、残念ながらまだよくわかっていない。

土器・土偶

身近な動物に対する思いとは？動物の形をした土製品

縄文時代の土偶には、動物をかたどったものがある。動物形土製品または動物土偶と呼ばれるそれらは、縄文後期から晩期にかけて東日本の東北地方を中心につくられていた。出土したものは人間の土偶にくらべると少数ではあるが、さまざまな動物がありバラエティ豊かだ。なかには何を表わしているかわからないものもある。

種類が見分けられる土製品では、イノシシがもっとも多く出土している（56ページ）。イノシシは子だくさんなので、それにあやかって子宝に恵まれたいと願ったかもしれないし、イノシシの体は頑丈で強いことから、生命力の強さにあやかろうとしたともいわれる。

また、イノシシは食料であり、人間にとってかなり身近な存在だった。狩猟の対象だった一方で、大切に飼育されていたと思われる例もある。宮城県の田柄《たがら》貝塚では埋葬されたイノシシの幼獣（ウリ坊）が発見されている。イノシシは食料でありながら、多産・強さの象徴でもあった。人びとは神聖な動物ととらえ世話をしていたのかもしれない。

しかし、縄文人にとってもっとも身近な動物といえば、食料として数多く捕獲されたシ

青森県十腰内遺跡出土のイノシシ形土製品（写真提供：弘前市立博物館）

カもそうだ。それなのにイノシシにくらべて土製品が少ないのは、生命力が強く多産なイノシシにくらべてそれほど重要ではない動物とされていたからかもしれない。

そのほか、イノシシと同様に強さの象徴と思われるクマ、シャチなども見つかっている。シャチは北海道ならではの土製品だ。

縄文人は強い動物の骨をネックレスにして身につけることもあるので、こういった土製品も動物の強さを得たいという願いが込められたのだろう。

イヌの土製品もある。現代でペットとして愛されるイヌは、すでに縄文時代から人間の相棒だった（35ページ）。イヌが人間と一緒に埋葬された例もあり、大切にされていたことがよくわかる。

土器・土偶

〝世界最古〟縄文土器の変遷をたどる どうしてはじまり、どう発展した？

1万3000年以の上長きにわたって続いた縄文時代。その間につくられた土器は、年代や地域の差によって型式に違いがみられる。発掘時の層位によって、年代による違いが判明してからは、土器どうしの文様の変化から新旧の違いが明らかになってきた。

また、一定地域に広がった共通の形状や文様をもつ土器は、その共通性から型式としてひとまとまりに分類された。年代と型式から、縄文土器は草創期、早期、前期、中期、後期、晩期の6つの時期に区分されている。この区分は縄文時代の時間的単位を示すだけでなく、土器の変遷、歴史を物語っているのである。

草創期から晩期までの縄文土器

草創期には土器はわずかしかつくられていないが、出土した土器に煤がついていることから、すでに煮炊きに使われていたことがわかっている。「縄文」土器とはいうが、最初のころの土器には、縄の模様が施されない。爪を押しつけた爪形文《つめがたもん》土器や、粘土紐を巻きつけた隆起線文が成立し、模様が多様化していくなかで縄の模様がある縄文が登場する。

草創期は「イメージの時代」といわれている。土器の模様表現は、従来の植物繊維を使用した網籠の容器を想起させるからだ。

土器の登場の背景には、既存の容器があるといわれている。土器を製作するさい、おそらくそれらをイメージしたのだと考えられている。

早期にはムラを形成しはじめ、定住化が進んだ。土器の数は格段に増え、煮炊きの道具として定着したようだ。土器の特徴としては、前期にかけて土器の素地土に植物繊維を混ぜる技法が広がった。全国的に共通の技法をもちながら地域性もあり、たとえば南九州では全国に先駆けて貯蔵用の壺型土器がつくられるなど、独自に発展した。

前期は発展の時代である。縄文時代でもとくに遺跡が多く、集落も大規模化した。深鉢は大型化し、また煮炊き以外に使用する浅鉢、取り皿、保存用の平底の容器などが登場し、多様化する。人びとは新しい価値観を見出し、食生活に変化が生まれた。

中期は縄文土器の最盛期といえる。模様は立体化し、装飾は複雑になっていく。浅鉢のほかに取っ手がついたものが登場し、動物や人が表現されたりした。また、人を埋葬する容器として使われた例もあり、食生活以外の目的に転用されることが多くなる。

後期には丁寧につくられた精巧な土器が登場するようになる。立体的な装飾は減り、沈線による細やかな表現が目立つ。こうした精製土器は祭祀に利用され、簡素な粗製土器とは利用目的が明確に区別されるようになった。

晩期には、東日本では亀ヶ岡式土器に代表される光沢のある彫刻的な土器が、西日本では模様のない黒色の磨研土器が成立する。九州北部で水田稲作がはじまったころ、東北地方では亀ヶ岡式土器の真っ盛りであった。

縄文時代から弥生時代へ、時代の移り変わりで気になるのが、どこまでが縄文土器で、どこからが弥生土器かという区分の問題であろう。じつは、製作技法から見る限り、縄文土器と弥生土器の境目を明確に区分することはできない。

縄文土器は全国的に共通性をもつ土器ではあるが、地域差も大きい。たとえば縄文時代前半ごろは東日本を中心に土器が発展していくが、弥生時代を象徴する稲作がはじまったのは西日本のほうが先である。

東北地方においては、弥生時代になり西日本で稲作が開始されたときでも、縄文時代と同じ文化が続いていたのだ（128ページ）。

水田稲作は600年間という長い時間をかけて、各地で少しずつ広がっていった。その広がりに呼応するように、東日本では、縄文土器を土台としながら、継続するように、ゆるやかに弥生土器が形成されていったのである。

縄文土器（深鉢）の変遷図 ＜北陸中部地方＞

草創期

（1万6500年前～1万1500年前）

草創期の縄文土器は最初のころには縄の模様が施されてない。縄文は模様が多様化していくなかで登場する。

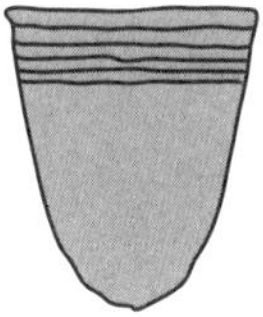

早期

（1万1500年前～7000年前）

早期には土器の数が格段に増え、煮炊きの道具として定着した。地域による独自の発展も見られるようになる。

前期

（7000年前～5470年前）

前期の深鉢は大型化し、煮炊き以外に使用する土器も出現する。取り皿から保存用の容器と、多様化した。

中期

（5470年前～4420年前）

中期は縄文土器の最盛期で、装飾は立体化し、複雑になった。国宝の火焔型土器もこのころにつくられた。

後期

（4420年前～3220年前）

後期には小型の土器が普及し、シンプルで実用性のあるものが主流となり、丁寧につくられた精巧な土器が登場する。

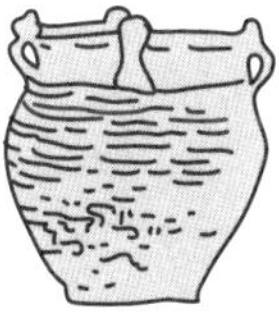

晩期

（3220年前～2350年前）

晩期の西日本では土器のシンプル化が進む一方、東日本では亀ケ岡式土器に代表される多彩な土器がつくられ続けた。

土器・土偶

土偶に会いに行こう！縄文文化に触れられる駅・道の駅

全国各地で発掘された縄文時代の遺跡・遺物は、歴史を知るための重要な史料的価値をもつ一方で、その土地の歴史や魅力をアピールするための観光シンボルでもある。そんな地域の魅力をもっとＰＲしようと、町の玄関口である駅や道の駅でさまざまに趣向をこらしている場所があるので、紹介しよう。

北海道函館市南茅部地区、国道２７８号線沿いに立つ道の駅「縄文ロマン 南かやべ」は、「国内唯一の国宝のある道の駅」と、道の駅としては変わった見どころがある場所だ。

謳い文句にある国宝とは、「中空土偶」である。なんとこの道の駅、「函館市縄文文化交流センター」という博物館と隣接しており、すぐ土偶を見に行くことができるのだ（別途入館料が必要）。中空土偶は気軽に会いに行ける土偶といえるかもしれない。

中空土偶は、センターの展示室４で常設展示されている。北海道唯一の国宝なので扱いも特別だ。円形状の展示室の中央に鎮座した中空土偶はスポットライトを浴び、３６０度じっくりと繊細な模様まで眺められる。

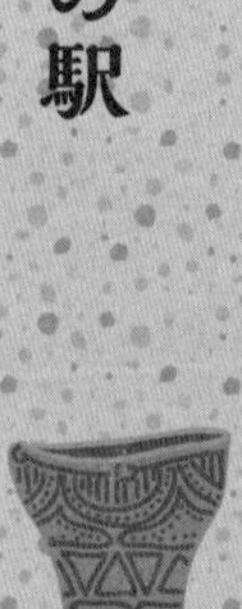

現在こうして南茅部の地で中空土偶を見られるが、じつはその背景にはある物語がある。中空土偶は家庭菜園のジャガイモ畑で偶然見つかった（１６４ページ）。史料的価値が高い遺物が研究のためによそへ移されることが少なくないなかで、この土偶がいまもここにあるのは、発見者が「この町みんなのためにある」と所有権を放棄して町役場に譲ったためである。中空土偶は町のシンボルなのだ。

道の駅での買い物も、やはり中空土偶がイチオシだ。たとえば中空土偶の形をした「モナスク中空土偶茅空」という、最中の皮にサブレ生地をつめて焼いた創作菓子を販売している。北海道ならではの抹茶ガゴメ昆布味だ。

ほかにも、縄文人が好んで食べたクルミを使った「じょうもんクルミソフト」もある。過去には中空土偶の顔を模したご飯入りの弁当を販売していた。道の駅の食事や土産物でも存分に縄文気分を味わうことができる。

土偶のアイドル「シャコちゃん」

同じく貴重な土偶を売りにした駅がある。青森県つがる市にある、ＪＲ五能線木造《きづくり》駅だ。この木造駅舎正面には、土偶のオブジェがデン、と構えている。木造の亀ヶ岡石器時代遺跡から出土した国宝「遮光器土偶」をかたどったものだ。土偶といえば名前を知らずともこれを思い浮かべるのでは？　というほど有名な土偶界のトップスターである。

このオブジェは、亀ヶ岡石器時代遺跡のPRとして、町のシンボルである遮光器土偶と駅舎を合体させるコンセプトで考案され、1992（平成4）年に完成した。

強調された大きな目が特徴的な遮光器土偶がそのまま再現された姿もさることながら、その大きさには目を見張る。何も知らずに見たら驚く人は多いだろう。ただでさえインパクトのある駅舎であるのに、もっと人を仰天させる特徴がある。なんと、目が光るのだ。

光るのは列車が駅に到着したことを知らせるサインなのだが、とくに夜間は光るビームが怖くて子どもがおびえるという苦情があったらしい。目を灯すのは完全手動。現在は18時以降に光ることはないという。要望があれば列車到着時以外でも光らせてくれるようだ。

なんとも強烈なこのオブジェ、遮光器土偶にちなんで「シャコちゃん」の名で親しまれ、光る目は「いらっしゃいビーム」と呼ばれ、訪れた人たちを楽しませている。

また、石川県鳳珠《ほうす》郡能登町真脇《まわき》には、「縄文真脇駅」がある。もとは「真脇駅」だったのが、1981（昭和56）年に真脇遺跡が発掘されたのを記念し、旧国鉄からのと鉄道へ移管するさいに改名された。しかし現在は能登線廃線にともなって廃駅となっている。

現在入ることはできないが、ログハウス風の駅舎は残っている。すぐそばには真脇遺跡や真脇遺跡縄文館があり、縄文時代の息吹を感じることができる。

縄文文化に触れられる駅・道の駅

土器・土偶

なぜ人は縄文にひかれるのか？ 大ブームを生んだ縄文の謎と魅力

2018（平成30）年は空前の縄文時代ブームとなった。7月にはドキュメンタリー映画『縄文にハマる人々』が公開され、異例のヒットを記録。同時期に開催された東京国立博物館の特別展「縄文―1万年の美の鼓動」では、国宝指定されている縄文土器6点がすべて公開されるとあってリピーターが続出。2カ月の開催期間中約35万人が来場した。

縄文にハマる理由は人それぞれだろう。縄文土器の造形や素朴な意匠を考古学的にとらえる人もいれば、アートととらえる人もいる。土偶女子と呼ばれる若い女性が、ユーモラスな土偶を「かわいい！」とマスコット的にとらえる場合もある。また、縄文時代の生活スタイルにスローライフやエコを感じるという人もいる。文明は進歩したものの、日々の暮らしに疲れ、当時のスピリチュアルな暮らしのほうが精神的に豊かだったと考える人もいるだろう。そういったとらえ方のすべてが、縄文の魅力ともいえる。

縄文土器の国宝指定は平成に入ってからで、近年になって価値が認められ、注目度が高まったことは確かだろう。海外での縄文展で日本独特の文化が高く評価され、逆輸入され

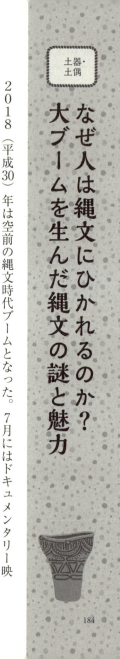

市民運動によって守られた加曽利貝塚。北と南、ふたつの環状貝塚がある。

たという側面もある。こうした縄文時代の文化が再発見され、徐々に浸透した結果が今回のブームといえる。縄文には、一過性のブームでは終わらない魅力が詰まっている。

このような縄文ブームがある一方で、肝心の遺跡を保護・活用するという埋蔵文化財保護の動きは相変わらず、鈍いとしかいいようがない。

三内丸山遺跡をはじめ、従来の縄文ブームは、遺跡保護活動と密接な関係をもっていたことがほとんどだが、今回のブームにはそれがみられないことも大きな特徴だ。

「縄文時代に学べ」という一方で、縄文人が住んでいた肝心の遺跡は、相変わらず道路などの開発によって日々消滅しているのである。このアンバランスにも気がついてほしい。

土器・土偶

土偶の知名度上昇に一役買った映画『ドラえもん　新・のび太の日本誕生』

縄文ブームは突如訪れたわけではなく、じわじわと認知度が高まり、現代らしくＳＮＳでの拡散などで広まっていった。２００９（平成21）年に東京国立博物館で開催された「大土偶展」でも、すでに当時異例の約13万人の来場者を集めている。２０１２（平成24）年にはフリーペーパー『縄文ＺＩＮＥ』が発行され、若い女性の間で人気となっていた。

それ以前から、誰しも一度くらいは縄文文化に触れる機会はあった。小学生のときに、社会科見学で遺跡や史料館を訪れたという人は多いだろう。そんななかでも、土偶の認知度を一躍高めることになったのが、２０１６（平成28）年３月公開の映画『ドラえもん　新・のび太の日本誕生』だ。ドラえもんの映画シリーズとしては36作目にあたる。

のび太とその仲間たちが家出を計画し、まだ人が住んでいない７万年前の日本で理想郷を築く。そこで出会った原始人の少年ククルと出会い、凶暴なクラヤミ族と精霊王ギガゾンビに捕らえられたヒカリ族を救うため、中国へ向かうというストーリーだ。

７万年前というとまだ旧石器時代で、舞台も現生人類が当時からいたと考えられる中国となっている。ただ、その後、ドラえもんたちの活躍により、結果的に日本人が誕生する瞬間を見ることができる。フィクションではあるが、大陸から渡ってきた人が、日本人となったこと、狩猟生活から農耕に移行する様子も描かれている。

また、土偶の形をした敵キャラクターが登場する点も子どもたちの目を引いた。ギガゾンビの部下にあたるツチダマの形はまさしく遮光器土偶。そのほか、ハート形土偶、ミミズク土偶、さらには2012年に国宝指定を受けた「仮面の女神」のような土偶型キャラクターも登場する。じつは、この映画は1989（平成元）年に公開されたドラえもん映画シリーズ9作目『ドラえもん　のび太の日本誕生』のリメイクだ。旧作では遮光器土偶しか出ていなかったが、土偶のタイプが増えたのは、新作公開までの29年の間に、新しい土偶が発見され、最新の研究結果が反映された形といえるだろう。

新旧の映画の間隔が離れていたのも良かった。旧作公開時に当時小学生だった子どもたちがおとなになり、その子どもがドラえもんを観る年ごろになっていたことで、親子そろって楽しめる作品となった。親から映画に登場する土偶が現実に大昔の日本にあったということを教えられ、古代に夢をふくらませた子どもも多かったことだろう。事実、2018（平成30）年の東京国立博物館の特別展では、夏休みシーズンということもあり、考古学ファンのみならず、若い女性、多くの親子連れも訪れていた。

土器・土偶

縄文土器の美術的価値に気づき、太陽の塔をつくった岡本太郎

縄文時代の土器や土偶は、芸術作品としての評価も高い。土器に幾何学的な文様を刻み、複雑な装飾や造形を施すのは、道具としての用途以上に感性の豊かさがうかがえる。人間の体を大胆にデフォルメし、稚拙なようで緻密につくり上げられた土偶などは、まさにアート作品だ。縄文土器の文様には、宗教的、儀礼的な意味があったと考えられるが、美術的独創性は縄文時代ならでは。逆に弥生時代になると、器はシンプルで実用的になっている。

縄文土器にインスピレーションを受けた現代の芸術家も少なくない。日本人の芸術の根底を掘り下げていけば、最終的に縄文時代にたどり着くのも当然といえよう。ただ、縄文土器の芸術性が見直されたのは戦後に入ってからのことだった。とはいえ、縄文人が日本人の直接的な先祖とみなされたのが戦後になってからなので、これは当たり前だろう。

それ以前にも縄文土器・土偶の芸術性の高さについて言及していた研究者はいたものの、きっかけをつくったのは、現代アートの巨匠・岡本太郎だ。岡本は、東京国立博物館で展示されていた縄文土器に衝撃を受けて以来縄文土器を追求し、１９５２（昭和27）年には

土偶をモチーフにしてつくられた太陽の塔（写真提供：大阪府）

「縄文土器論」を発表した。岡本の代表作ともいえる大阪万博のモニュメント「太陽の塔」も土偶をモチーフにしてつくられたのだという。縄文土器のダイナミックなデザイン性と、岡本の華やかな色彩感覚。古代と現代の独創性が見事にマッチしているように見える。

もともと、岡本はフランス留学中、ソルボンヌ大学でフランス民俗学の父と呼ばれるマルセル・モースのもとで学んでいた。当時のフランスは原始美術ブームで、遺跡などのほか古代人の壁画などにも注目が集まっていた。日本に帰った岡本が、自分のルーツとして古代美術に興味をもったのも当然といえるかもしれない。また、岡本と親交の深かった作家の川端康成も大の土偶マニアとして知られ、ハート形土偶を蒐集《しゅうしゅう》していたという。

■参考文献

『つくられた縄文時代』山田康弘（新潮社）
『縄文人がぼくの家にやってきたら⁉』山田康弘（実業之日本社）
『老人と子供の考古学』山田康弘（吉川弘文館）
『縄文人の死生観』山田康弘（KADOKAWA）
『縄文時代　その枠組・文化・社会をどう捉えるか？』山田康弘（吉川弘文館）
『縄文の力』小林達雄監修（平凡社）
『いまこそ知りたい縄文時代』瀧音能之監修（宝島社）
『はじめての土偶』武藤康弘監修（世界文化社）
『おもしろ謎解き『縄文』のヒミツ』武藤康弘監修（小学館）
『縄文土器・土偶』井口直司（KADOKAWA）
『土偶のリアル』武藤康弘監修（山川出版社）
『縄文生活図鑑』関根秀樹（創和出版）
『縄文土器ガイドブック』井口直司（新泉社）
『遙かなる縄文の声』岡田康博（日本放送出版協会）
『縄文人・弥生人101の謎』山岸良二（新人物往来社）

『縄文人がおもしろい』小山修三・岡田康博（日本能率協会マネジメントセンター）
『縄文人になる！』関根秀樹（山と渓谷社）
『東京の縄文学』安孫子昭二（之潮）
『アイヌと縄文』瀬川拓郎（筑摩書房）
『歴史REAL日本人の起源』（洋泉社）
『知られざる縄文ライフ』武藤康弘監修（誠文堂新光社）
『詳説日本史B』笹山晴生、佐藤信、五味文彦、高埜利彦（山川出版社）
『理科年表　平成26年』国立天文台（丸善出版）

○WEBサイトなど

アカデミーヒルズ「縄文の思考」～日本文化の源流を探る
縄文ファン
「語りたくなるまち名古屋」の実現をめざして（名古屋市）
港区たんけん手帳（大阪市）
貝塚のあるムラ・ないムラ（千葉県教育振興財団）

監修者

山田康弘（やまだ やすひろ）

1967年、東京都生まれ。国立歴史民俗博物館研究部教授。先史学者。専門は縄文時代を中心とした先史墓制論・社会論。筑波大学第一学群人文学類卒業後、筑波大学大学院博士課程歴史人類学研究科中退、博士（文学）。主な著書に『人骨出土例にみる縄文の墓制と社会』（同成社）、『縄文人の死生観』（KADOKAWA）、『つくられた縄文時代』（新潮社）、『縄文人がぼくの家にやってきたら!?』（実業之日本社）など。

※本書は書き下ろしオリジナルです。

JIPPI Compact

じっぴコンパクト新書　363

縄文《じょうもん》時代《じだい》の不思議《ふしぎ》と謎《なぞ》

2019年1月15日　初版第1刷発行

監修者……………山田康弘
編著者……………造事務所
発行者……………岩野裕一
発行所……………株式会社実業之日本社
〒107-0062　東京都港区南青山5-4-30
CoSTUME NATIONAL Aoyama Complex 2F
電話（編集）03-6809-0452
（販売）03-6809-0495
http://www.j-n.co.jp/
印刷・製本…………大日本印刷株式会社

ISBN 978-4-408-33844-6（第一趣味）